法律常识一本通

孙 旗　刘婷婷◎编著

民主与建设出版社
·北京·

© 民主与建设出版社，2023

图书在版编目（CIP）数据

　　法律常识一本通 / 孙旗 , 刘婷婷编著 . -- 北京：民主与建设出版社 , 2022.4
　　ISBN 978-7-5139-4369-7

　　Ⅰ . ①法… Ⅱ . ①孙… ②刘… Ⅲ . ①法律 – 基本知识 – 中国 Ⅳ . ① D920.4

　　中国国家版本馆 CIP 数据核字（2023）第 177965 号

法律常识一本通
FALÜ CHANGSHI YIBENTONG

编　　著	孙　旗　刘婷婷
责任编辑	刘树民
封面设计	海阔文化
出版发行	民主与建设出版社有限责任公司
电　　话	（010）59417747　59419778
社　　址	北京市海淀区西三环中路 10 号望海楼 E 座 7 层
邮　　编	100142
印　　刷	三河市京兰印务有限公司
版　　次	2022 年 4 月第 1 版
印　　次	2023 年 10 月第 1 次印刷
开　　本	700 毫米 ×1000 毫米　1/16
印　　张	13.5
字　　数	156 千字
书　　号	ISBN 978-7-5139-4369-7
定　　价	59.80 元

注：如有印、装质量问题，请与出版社联系。

前 言

随着社会主义法治制度的确立与完善,我们任何一个人在日常生活中都免不了要和法律打交道。无论是想做一个知法、懂法、用法的新时代公民,还是想运用法律维护自身合法权益,多了解一些法律常识。在遇事时,便能够用法律思维思考,是十分有益且必要的。

但是,法律知识的积累和专业法律思维方式的养成也绝非一蹴而就的。即便是我国现有的系统的法学教育,尚需要短则四年,长则十数年的时间才能培养出一名合格的法律专业人才,何况是大量的从事着非法律工作,也从未接触过任何成系统的法律教育的普通大众呢。

此书参照我国现行法律体系分为六章,分别是法律基础知识篇、宪法篇、行政法篇、刑法篇、民法篇。另外,考虑到这是一本入门级的知识普及类书籍,因此采用案例的方式,对法律基础知识和与大众在日常生活中接触较多的部门律法知识进行讲解,力求使大家既了解到专业的法律知识,也对法律的应用有直观而又具体的了解。

另外,本书在每个案例后列出了涉及的法律法规的具体条文供大家查找,便于大家进一步阅读和研究。

总之，拙作的定位极为单纯，即作为一本法律知识的入门书籍。无论是在深度还是广度上都远不及专业的法律著作，但是在实用性和亲和度上，却更胜一筹。希望大家能够在阅读本书之后，对相关的法律知识有初步的了解，激发兴趣，以进行进一步的学习和研究。

[目录] CONTENTS

第一章　法律基础知识篇

一、什么是法？什么是法律　/003

二、法律的作用　/003

三、我国法律是如何制定与实施的　/005

四、什么是法律责任，以及法律责任如何认定　/007

第二章　宪法篇

一、什么是宪法　/013

二、宪法的作用　/013

三、平等权——招聘方地域歧视，怎么维护自身合法权利　/014

四、选举权——百岁老人在选举中的投票合法有效吗　/016

五、基本权利——公民享有人身自由权　/017

六、受教育权——因为是女孩，父母不让读书怎么办　/018

七、监督权——国家机关工作人员失职，作为公民可以举报吗　/019

八、对于偷税、漏税、抗税行为，要坚决说"不"　/020

九、尊重国旗、国歌、国徽　/022

第三章　行政法篇

一、什么是行政法　/ 027

二、国家赔偿金如何计算　/ 027

三、国家赔偿——警方合法行为造成的损失，国家需要承担赔偿
责任吗　/ 029

四、国家赔偿——因行政强制措施导致食品过期，可否提出国家
赔偿　/ 030

五、扣押财物——电动三轮车被扣押，连车上物品一起被扣押了，
怎么办　/ 032

六、民间纠纷——当事人因民事纠纷达成协议后，公安机关可否再进行
治安处罚　/ 033

七、工伤保险——对人社局作出的《不予认定工伤决定书》不服，能否
提出诉讼　/ 035

八、工伤保险——对市人社局作出的不予认定工伤决定的行政行为不服，
可否申请行政复议　/ 037

第四章　刑法篇

一、什么是犯罪，以及犯罪构成要件有哪些　/ 043

二、什么是刑罚，刑罚的种类有哪些　/ 046

三、危害公共安全罪——在高速公路上恶意别车要不得　/ 048

四、交通肇事罪——酒驾致他人死亡后逃逸，怎么判刑　/ 051

五、危险驾驶罪——喝完藿香正气水驾车，算酒驾吗　/ 054

六、重婚罪——没离婚就"二婚"，是否构成重婚罪　/ 059

七、故意杀人罪——看到妻子跳河后驾车离开，男子涉嫌故意杀人罪
获刑　/ 062

八、故意伤害罪——夫妻互相拉扯，造成一方受伤，是否构成故意伤害罪 /066

九、遗弃罪——夫妻间不履行扶养义务，可能构成遗弃罪 /068

十、抢劫罪——你以为的盗窃罪，一不小心就成了抢劫罪 /071

十一、盗窃罪——林业果树研究所里的水果很好吃，可以随便摘吗 /076

十二、诈骗罪——以欺骗的形式借钱不还，是否构成诈骗罪 /079

十三、寻衅滋事罪——伙同他人持凶器殴打他人、毁坏他人财物 /082

十四、行贿罪——为了得到支持和帮助，给予国家工作人员财物 /084

十五、传播淫秽物品罪——在微信群发淫秽视频可不是小事情 /087

十六、非法狩猎罪——以为抓麻雀是小事，没想到却构成非法狩猎罪 /089

十七、拐卖妇女罪——花钱"买媳妇"，属于违法犯罪行为吗 /091

第五章 民法篇

什么是民法 /095

恋爱、婚姻与家庭

一、未成年"网恋"发红包，真的是天上掉馅儿饼吗 /096

二、不能生育的夫妻，可以收养两个孩子吗 /097

三、婚后发现对方故意隐瞒重大疾病，可请求撤销婚姻 /099

四、夫妻一方赠与"小三"财物，原配能否要回 /100

五、分居满一年，再次起诉离婚，法院会支持吗 /102

六、夫妻分居两年即自动离婚 /104

七、离婚后，彩礼需要返还吗 /106

八、子女对父母应尽赡养义务 /107

九、父母的婚姻，做儿女的能否干涉 / 109

遗产与继承

一、所有的"打印遗嘱"都有效吗 / 111

二、债务人去世，继承人是否应当履行还款义务 / 113

三、母亲先于祖父母去世，我可以代位继承遗产吗 / 114

消费维权

一、"熊孩子"给主播打赏能追回吗 / 116

二、直播买买买，买到假货怎么办 / 117

三、网购下完单，卖家却反悔了 / 119

四、通过微信沟通协商后，买家支付部分货款，之后一直未支付剩余货款怎么办 / 121

五、KTV 禁止客人自带酒水的行为合法吗 / 123

侵权与损害

一、去医院检查，由于医生操作不当，导致胎儿感染病毒，怎么办 / 125

二、孩子在幼儿园受伤，责任谁来承担 / 126

三、垫高自家地基，不顾邻居家地基安危，违法吗 / 127

四、严禁高空抛物，法律守护头顶安全 / 129

五、业主在小区内利用小区设施锻炼时受伤，物业有赔偿责任吗 / 130

六、外卖骑手导致行人受伤，责任应由谁来承担 / 132

七、劳务派遣工作人员侵权，劳务派遣单位应当承担责任吗 / 134

八、雇请的瓦匠在干活时受伤，责任应由谁承担 / 135

九、免费获得游玩门票，游玩受伤能否请求赔偿 / 137

十、相约打球被球打伤，可以请求对方赔偿吗 / 139

目 录

十一、在咖啡店逗猫被咬伤，责任应由谁来承担 / 140

十二、饲养的动物咬伤他人，饲养人需要承担责任吗 / 142

十三、宠物狗在流浪期间伤害他人，饲养人是否承担责任 / 143

十四、公交车急刹车致乘客伤残，公交车公司应当承担责任吗 / 145

十五、强行霸座不合道德，更不合法 / 147

十六、遇上吃"霸王餐"的怎么办 / 148

十七、一不小心"好心办坏事"，需要赔偿吗 / 149

十八、婚礼录像被婚庆公司弄丢了，可以索要精神赔偿吗 / 151

十九、酒桌上劝酒致他人死亡，要担责吗 / 152

二十、使用 AI 换脸技术伪造他人的脸进行恶搞，是否侵权 / 154

财产纠纷

一、借给朋友的钱四年后可以要回来吗 / 156

二、"亡者"归来，能否要回属于自己的财产 / 158

三、购买的商品房 70 年产权到期后怎么办 / 159

生活与住房

一、住一楼也要交电梯费吗 / 161

二、抵押过的房屋可以卖吗 / 162

三、承租人有权转租房屋吗 / 164

四、租住的房子在承租期内售出，怎么办 / 165

五、设立居住权，切记订立书面合同并登记 / 167

其他违法行为

一、代孕合同有效吗 / 169

二、14 周岁的孩子签订的合同是否有效 / 170

三、未成年时遭性侵，在成年后还能起诉吗 / 172

四、非法买卖个人信息，是违法行为，严重的还会坐牢 / 173

五、完成公开悬赏广告后，对方拒付报酬怎么办 / 175

第六章　诉讼法篇

一、什么是诉讼 / 179

二、我国刑事诉讼构造特点 / 179

三、诉讼主体有哪些 / 180

四、在诉讼中，如何申请回避 / 181

五、哪些人可以为犯罪嫌疑人、被告人辩护 / 183

六、民事诉讼中，哪些人可以作为诉讼代理人 / 185

七、辩护人——好朋友可以作为自己的辩护人吗 / 186

八、刑事诉讼——拘传和传唤的区别 / 188

九、刑事诉讼——被告人不服一审判决提出上诉会加重刑罚吗 / 190

十、民事诉讼中，反诉与反驳是否相同 / 192

十一、什么情况下可以提起民事诉讼 / 194

十二、民事诉讼——恶意串通虚构债务不可取 / 195

十三、什么是刑事附带民事诉讼？如何提起 / 197

十四、刑事附带民事诉讼——民事讼诉需要单独提起吗 / 198

十五、什么是民事诉讼中的简易程序 / 200

十六、死刑复核程序——被判处死刑，必不可少的程序 / 201

第一章
法律基础知识篇

一、什么是法？什么是法律

法作为一种特殊的社会规范，是人类社会发展的产物。一般来说，法是由国家制定或认可，以权利义务为主要内容，由国家强制力保障实施的社会行为规范及相应的规范性文件的总称。

"法律"一词可以从狭义和广义两个方面进行理解。狭义的法律专指拥有立法权的国家机关（国家立法机关），依照法定权限和程序制定颁布的规范性文件；广义的法律是指法的整体，即"法"。法与法律不是一个概念，法的范畴很广，包括法律，法律只是其表现形式的一种。

二、法律的作用

法律的作用指法律作为社会规范的一种，在调整社会关系中对人和社会产生的积极影响。对人，即法的规范作用；对社会，即法的社会作用。法律规定了我们应该享有的权利和应该履行的义务，也为我们评判、预测自己和他人的行为提供了准绳，指引、教育人向善。法律通过解决纠纷和制裁违法犯罪，惩恶扬善、伸张正义，维护公民的合法权益。

法律具有规范作用，其体现在：

(一)法律的指引作用

法律作为一种行为规范,对人们的行为起到普遍的指导,指引人们可以这样行为、必须这样行为或不得这样行为。法律的指引是一般指引而非个别指引。比如:王某学习了《中华人民共和国道路交通安全法》和《中华人民共和国刑法》之后,知道了酒驾的后果。因此,王某在喝了酒之后,选择代驾而不是自己驾车。

(二)法律的评价作用

法律作为一种评价尺度,能够对人行为的法律意义进行评价。例如:王某和赵某许久未见,于某日相约一起出去吃饭喝酒,王某准备找代驾,赵某准备自己开车回家,王某通过学习《中华人民共和国道路交通安全法》和《中华人民共和国刑法》,知道赵某的行为是不合法的,会受到处罚。

(三)法律的预测作用

人们可以根据法律规范的规定,实现估计预测某种行为的法律后果,对自己的行为作出合理安排。例如:张某和李某有仇,意欲杀死李某,在磨刀的过程中,张某想起《中华人民共和国刑法》中关于故意杀人罪的规定。如果自己杀害李某,可能会受到刑事处罚,遂决定放弃磨刀杀李某,这就是刑法对人的行为结果的预测作用。

(四)法律的强制作用

法律能够运用国家强制力对违法者施以强制措施,保障法律被顺利实现。例如:吴某在喝过白酒后驾车在道路上行驶,经检测其血液酒精含量达到130毫克/100毫升。根据《中华人民共和国刑法》的规定,吴某的行为构成危险驾驶罪,吴某会受到刑法的强制性惩罚,此即法律的强制性作用。

（五）法律的教育作用

法律不仅是社会的行为规范，也确立了最低的社会道德标准和是非观念。它可以通过其实施和传播深入人的心灵，矫正人的行为。比如：孙某因盗窃罪被判处3年有期徒刑。这种刑罚不仅教育了孙某，减少孙某再犯罪的可能性，同时也教育了其他公民，不要做与孙某类似的行为，否则也会受到相应处罚。

法律具有社会作用，这一点体现在：

（一）分配社会利益

法律对利益的分配主要通过权利义务的规定来确立利益主体、利益内容、利益数量和利益范围等内容，指导生活中的利益分配。

（二）解决社会纠纷

法律方式是解决社会纠纷的最终和最有力的手段，它能使社会秩序得到切实保障。

（三）实施社会管理

每个社会都有公共事务需要国家予以处理，国家便需要根据法律发挥积极的职能行使权力。

三、我国法律是如何制定与实施的

我国立法机关是全国人民代表大会及其常委会，其中宪法是由全国人民代表大会制定并通过的具有最高效力的根本大法。我国制定的任何法律都不得与之相抵触，与宪法相抵触的法律均无效。

普通法律制定以宪法作为基础和依据，立法机关即全国人民代表大会及其常委会在制定、通过《中华人民共和国刑法》《中华人民共和国民法典》《中华人民共和国民事诉讼法》《中华人民共和国刑事诉讼法》等法律时，以宪法的规定为基础，严格按照宪法规定的程序进行。

行政法规，位阶在法律之下，是指国务院根据宪法和其他法律，按照法定程序制定的有关行使行政权力，履行行政职责的规范性文件的总称，与法律一样在全国范围内有效。

在我国还有两部特别行政区基本法，即《香港特别行政区基本法》《澳门特别行政区基本法》，分别只在中国香港、中国澳门适用，且在中国香港、中国澳门具有最高法律效力，但是其制定、通过的机关是全国人民代表大会。

自治区法规，即在民族自治地方由自治区人民代表大会及其常委会依照宪法，同时根据当地风俗、习惯制定、通过的自治区法规，该法规只在自治区内有效。

部门规章，即由国务院下属各部委根据自身职能制定通过的在某一领域具有规范效力的行政规章，只在特定的领域有效，且不得违反上位法的规定。

政策、习惯，政策主要是指党的方针、政策，习惯主要是指人们通常遵守的没有强制力的准则，而且法律通常来源于政策、习惯。在法律没有规定时，法院可以适当以政策、习惯作为审判的依据。

国际条约，凡是我国参加签署的国际条约，除声明保留适用的条款外，我国公民、法人以及其他组织也都应当遵守。

四、什么是法律责任，以及法律责任如何认定

法律责任是指因违反了法定义务或约定义务，或不当行使法律权利、权力所产生的，由行为人承担的不利后果。法律责任是由特定法律事实所引起的对损害予以补偿、强制履行或接受惩罚的特殊义务。

法律责任的主要特征包括两个方面：一是法定性，法律责任是由法律明确规定的违法行为人承担的不利后果；二是强制性，法律责任是由专门国家机关予以追究。

（一）法律责任分类

法律责任以违法行为违反的法律的性质，可分为民事责任、刑事责任、行政责任以及宪法责任四类。

民事责任是指由于违反民事法律、违约，或者由于《民法》规定所应承担的一种法律责任。

民事责任的具体承担方式包括：停止侵害、排除妨碍、消除危险、返还财产、恢复原状、修理、重作、更换、赔偿损失、支付违约金、消除影响、恢复名誉、赔礼道歉等。

刑事责任是指行为人因其犯罪行为所必须承受的，由司法机关代表国家所确定的否定性法律后果，包括主刑和附加刑。

主刑包括：管制、拘役、有期徒刑、无期徒刑、死刑。附加刑包括：罚金、剥夺政治权利、没收财产、驱逐出境。

行政责任是指因违反行政法规规定或因行政法规规定而应承担的法律责任，包括行政处分、行政处罚两种，其中行政处分包括警告、记过、记大过、降级、撤职、开除。行政处罚包括警告、罚款、没收违法所得、没收非法财

物、责令停产停业、暂扣或吊销许可证、暂扣或者吊销执照、行政拘留；法律、行政法规规定的其他行政处罚。

宪法责任，即违宪责任，是指由于有关国家机关制定的某种法律和法规、规章，或有关国家机关、社会组织或公民从事了与宪法规定相抵触的活动而产生的法律责任。

(二) 法律责任的构成

法律责任的构成要件是指构成法律责任必须具备的各种条件或必须符合的标准，它是国家机关要求行为人承担法律责任时进行分析、判断的标准。根据违法行为的一般特点，我们把法律责任的构成要件概括为：责任主体、违法行为、损害结果、因果关系和主观过错五个方面。

1.责任主体

责任主体因违反法律、约定或法律规定的事由而承担法律责任的人，包括自然人、法人和其他社会组织。

2.违法行为

广义上的违法行为包括一般违法行为和犯罪行为。狭义上的违法行为仅指除犯罪以外的一般违法行为。一般情形或多数情形下，违法行为是法律责任产生的前提，没有违法行为就没有法律责任。在特殊情况下，法律责任的承担不以违法行为为构成条件，而是以法律规定为构成条件。

3.损害结果

损害结果是指由于违法行为所导致的损失和伤害的事实，包括人身、财产和精神方面的损失和伤害。损害应当具有确定性，必须是一个确定的现实存在的事实。有些法律责任的承担不以实际损害结果的存在为条件，比如危害国家安全犯罪。

财产损害一般包括实际损害、丧失所得利益及预期可得利益。

4.因果关系

违法行为与损害结果之间的因果关系,它是存在于自然界和人类社会中的各种因果关系的特殊形式。法律归责原则上要求证明违法行为与损害结果之间的因果关系。

5.主观过错

主观过错指承担法律责任的主体在主观上存在的故意或者过失。故意和过失在不同的法律领域中具有不同的意义。

在刑事法律领域,行为人故意或过失的心理状态是判定其主观恶性的重要依据,也是区别罪与非罪、此罪与彼罪、罪轻与罪重的重要依据。

在民事法律领域,故意和过失被统称为过错,是构成一般侵权行为的要素。

在行政法律领域,实行过错推定的方法,一般只要行为人实施了违法行为就视其为主观有过错,法律另有规定的除外。

(三)归责免责

法律责任的认定和归结简称"归责",它是指对违法行为所引起的法律责任进行判断、确认、归结、缓减以及免除的活动。主要有以下几个原则:

1.归责原则

归责原则体现了立法者的价值取向,是责任立法的指导方针,也是指导法律适用的基本准则。

归责一般必须遵循以下法律原则:(1)责任法定原则。其含义包括:一是违法行为发生后应当按照法律事先规定的性质、范围、程度、期限、方式追究违法者的责任。作为一种否定性法律后果,它应当由法律规范预先规定。

二是排除无法律依据的责任，即责任擅断和"非法责罚"。（2）责任相称原则。其含义包括：法律责任的性质与违法行为性质相适应。法律责任的轻重和种类应当与违法行为的危害或者损害相适应。法律责任的轻重和种类还应当与行为人主观恶性相适应。（3）责任自负原则。其含义包括：违法行为人应当对自己的违法行为负责。不能让没有违法行为的人承担法律责任，即反对株连或变相株连。要保证责任人受到法律追究，也要保证无责任者不受法律追究，做到不枉不纵。（4）责任相称原则即法律责任的性质与违法行为性质相适应，法律责任的轻重和种类与违法行为的危害或损害及行为人的主观恶性相适应。

2.减免责事由

免责是指行为人实施了违法行为，应当承担法律责任，但由于法律的特别规定，可以部分或全部免除其法律责任，即不实际承担法律责任。法定免责事由有时效免责、自首、立功免责、有效补救免责、不诉免责、自助免责、人道主义免责等。

约定免责事由包括协议免责或意定免责、被害人承诺、被害人原谅。

（四）法律责任的作用及功能

法律责任的目的是通过它的3个功能来实现的，即惩罚、救济、预防。惩罚功能，就是惩罚违法者和违约人，维护社会安全与秩序；救济功能，就是救济法律关系主体受到的损失，恢复或补偿受侵犯的权利；预防功能，就是通过使违法者、违约人承担法律责任，教育违法者、违约人和其他社会成员，预防违法犯罪或违约行为。

第二章
宪法篇

一、什么是宪法

宪法作为我国的根本大法，具有最高的法律效力。一切国家机关和社会团体都必须遵守宪法、维护宪法，并依据宪法形成统一的国家秩序。我国宪法规定了国家的根本制度、根本任务、国家性质、政权组织形式、国家结构形式、公民的基本权利和义务、中央和地方国家机构的设置以及各国家机关之间的相互关系、国旗、国歌、国徽、首都等问题。

二、宪法的作用

宪法的作用是调整国家政治、经济、文化和社会各个领域所产生的具体影响。具体来说其作用表现在以下几个方面：

（一）确认和规范国家权力

宪法第一条明确规定："中华人民共和国是工人阶级领导的、以工农联盟为基础的人民民主专政的社会主义国家。"

宪法第二条规定："中华人民共和国的一切权力属于人民。"

这明确说明了我国的国家性质是人民民主专政的社会主义国家，人民掌握和行使一切国家权力。宪法规定国家权力的职责分工、权力行使的方式和程序，国家权力的运行受到严格的监督和拘束。

（二）保障公民的基本权利

我国宪法对公民的基本权利作出了具体的规定，如平等权、文化教育权利、监督权与请求权等，为广大人民群众充分享有民主权利、广泛参与国家政治生活提供了法律保障。我国宪法确立了"国家尊重和保障人权"的原则，并根据宪法制定了一系列保护公民基本权利的法律。

（三）维护国家法治统一

我国于1982年通过了现行宪法，此后又根据客观形势的发展需要，先后通过了5个宪法修正案，并以此为统率，先后制定了系列的法律法规，有力地完善了中国特色社会主义法律体系。

（四）确认经济制度、促进经济发展

我国宪法立足于社会主义初级阶段的基本国情，对经济制度作出明确规定，坚持以公有制为主体、多种所有制经济共同发展的经济制度，有力地推动了经济的发展，提高人民的生活水平。

（五）维护国家统一和世界和平

我国宪法规定了民族平等的原则，并将"一国两制"的伟大构想法律化，为民族区域自治制度以及特别行政区制度提供了法律基础，进而维护了国家统一。并且，我国宪法旗帜鲜明地规定了独立自主的外交政策和处理外交事务时的和平共处五项原则，为维护世界和平作出了重大贡献。

三、平等权——招聘方地域歧视，怎么维护自身合法权利

案情介绍

A省B市某公司在发布招聘启事时，在用人方面，特意做了标注："不招本

地人！不招本地人！不招本地人！"

后经当地劳动监察部门调查，该公司一名负责人称，之所以特别说明，主要是因为之前该职位招聘的几名B市本地人员，工作上不能吃苦，学习能力差。但是该企业明目张胆地将就业歧视公之于众，是违反法律规定的，《中华人民共和国劳动法》和《中华人民共和国就业促进法》中均有规定，劳动就业者，不因民族、种族、性别、宗教信仰等不同而受歧视。

此事经曝光后，该公司承认错误，对招聘启事及时进行了修改。

法律分析

平等权是指公民平等地享有权利，不受任何差别对待，要求国家同等的保护权利。具体体现在我国宪法第三十三条的规定，凡具有中华人民共和国国籍的人都是中华人民共和国公民。中华人民共和国公民在法律面前一律平等。国家尊重和保障人权。任何公民享有宪法和法律规定的权利，同时必须履行宪法和法律规定的义务。因此，所有公民都平等地享有权利和平等地履行义务，法律不允许公民因性别、身份、职业等因素不同而受到不同对待。

在国家生活中，平等原则是指导、规范法律制度的一项基本原则。

因此，根据宪法的规定，当公民认为自己受到不平等对待或者歧视时，可以以平等权作为请求权依据，主张自己的合法权利。

四、选举权——百岁老人在选举中的投票合法有效吗

案情介绍

某村一老人已百岁高龄,但其身体硬朗、思维清晰,其村村委会换届选举时,老人在工作人员的指导下,顺利完成投票,选出心目中的好干部,依法行使自己神圣的选民权利。

那么,在本案中,该老人的投票合法有效吗?

法律分析

根据宪法第三十四条规定:"中华人民共和国年满十八周岁的公民,不分民族、种族、性别、职业、家庭出身、宗教信仰、教育程度、财产状况、居住期限,都有选举权和被选举权;但是依照法律被剥夺政治权利的人除外。"

那么,什么是选举权?

选举权是指选民依法选举代议机关代表的权利。被选举权是指选民依法被选举为代议机关代表的权利。

享有选举权和被选举权的条件是什么?

根据法律规定,公民享有选举权与被选举权应同时具备的条件如下:第一,国籍条件,即享有选举权和被选举权的人必须是中华人民共和国的公民。第二,年龄条件,即享有选举权和被选举权的公民必须年满18周岁。第三,政治条件,被剥夺政治权利的公民按照法律规定不享有选举权和被选举权。

因此,在本案中,该老人的投票是合法有效的。

五、基本权利——公民享有人身自由权

案情介绍

王某欠张某5万元，张某通过多种途径向王某讨要债款，比如拨打电话、上门讨要等均未讨回借款，张某便因此怀恨在心。

8月份的一天，张某伙同其父亲老张，驾驶自家一辆面包车行至王某家小区附近岔路口一偏僻处等待王某，待二人看到王某后，立即强行将其带上车。

途中，为了防止王某呼救，老张用胶带封住王某的嘴巴，并捆住其双脚，随后把他带到一栋破旧的烂尾楼内。将王某拽下车后，父子二人拿出事先准备好的借条，强行抓着王某的手，在借条上捺了手印。之后，父子二人还把王某殴打了一顿。

次日，王某趁父子二人不注意，偷偷逃走并报警。

法律分析

宪法第三十七条规定，中华人民共和国公民的人身自由不受侵犯。任何公民享有不受拘禁的权利。张某父子为索要债务，结伙非法拘禁王某，根据《刑法》第二百三十八条的规定，张某父子的行为已构成非法拘禁罪。

所谓人身自由，是指公民的人身不受非法侵犯的自由。具体来说有以下几个方面：宪法虽没有明确规定生命权，但是根据宪法精神和文本体系解释来看，生命权受宪法保护。

根据宪法的规定，公民享有不受任何非法搜查、拘禁、逮捕、剥夺限制的权利，剥夺和限制公民的人身自由必须要按照法定的程序进行。与人身有

密切关系的名誉、姓名、肖像等也不容侵犯。任何人不准用任何方式对公民进行侮辱、诽谤和诬告陷害。任何公民的住宅不得非法侵入、随意搜查、随意查封。此外，公民通过书信、电报、传真、电话等通信手段，进行通信时也不受他人干涉。

六、受教育权——因为是女孩，父母不让读书怎么办

案情介绍

小美今年16岁，在父母的杂货店里干活，她有一个14岁的弟弟正在读高中。

小美每天看到路过杂货店的学生，十分羡慕，憧憬着自己可以上学读书，但是小美的爸爸一直认为女孩子不用读那么多书，以后等弟弟出息了，才能光宗耀祖。小美的妈妈也反复强调女孩子就要早点干活，能干才好找婆家，小美无法，只能在杂货店卖东西。

法律分析

根据宪法第四十六条的规定，公民享有受教育的权利和义务。受教育既是我国公民享有的一项基本权利，也是宪法规定公民需要履行的义务之一。公民通过接受教育，获得生存和发展的基本能力，是公民享有的基本权利。同时，每个公民在法律规定的范围内，享有平等的受教育权。

在本案中，小美父母的行为剥夺了她受教育的权利，根据宪法的规定，妇女享有与男子平等的文化教育权利，任何人都无权剥夺公民基本的受教育权。

七、监督权——国家机关工作人员失职，作为公民可以举报吗

案情介绍一

青岛市政部门在上海合作组织青岛峰会准备期间，在一些居民楼楼顶加装了灯光设施，但是因为灯光亮度过高，导致强光透过窗户进入居民室内，正在备考的小甲因此一整夜都没休息好。小甲的母亲通过市长热线建议青岛市政部门在晚上九点以后将灯光调暗或者关闭。

案情介绍二

张某在档案中心办理档案业务时发现档案中心的工作人员态度懈怠、行为散漫，严重影响了工作的效率，导致其浪费了大量时间。因此，张某通过市长热线进行投诉，要求档案中心对这一现象进行整改，并给予反馈。

法律分析

依据宪法的规定，公民有权监督国家机关及其工作人员的活动，即公民享有监督权。具体包括：第一，批评、建议权，即在国家政治生活和社会生活中，对于国家机关及其工作人员的缺点、错误提出批评建议。在上述两个案件中，分别体现了公民享有的批评权和建议权。第二，控告、检举权，即公民对于任何国家机关和工作人员的违法失职行为，有权向有关国家机关提出控告，揭发违法失职与犯罪行为，请求有关机关对违法失职者给予制裁。例如：河南省洛阳市某公民在知道当地警察局局长交通肇事后，找人顶包的内

幕，匿名举报，体现了公民享有的检举权。第三，申诉权，当自己合法利益受到侵犯时，有权向各级机关提出申诉。例如：公民对于错误的审批进行上诉，体现了公民享有的申诉权。

监督权作为公民的基本权利，对国家机关及其工作人员的活动形成无形的约束。公民有权行使自己的监督权，但是不得捏造或者歪曲事实进行诬告、陷害。同时，国家机关和工作人员也不得进行打击报复。

八、对于偷税、漏税、抗税行为，要坚决说"不"

案情介绍

某市税务所的税务干部王某带着数名税务员去该市某村进行税务检查，在检查到孙某在该村开的生产运动鞋的工厂时，被听到消息的孙某拦在工厂门口，不让王某等人进入工厂，声称王某等人没有资格进行检查，并开始辱骂王某等人。

无奈，王某等人在工厂门外多次劝说孙某，希望孙某给予配合，并告知孙某作为公民应当依法纳税，依法纳税是每个公民应尽的义务，但王某不听劝告，依旧恶语相向。王某无法，只得根据我国税法有关规定强行对孙某的工厂进行检查。

经检查发现，孙某自7月办厂以来，已数次拒绝向税务所申报纳税，欠缴税款总额达4990元。孙某因自己违法事实被发现，恼羞成怒之下跑回屋内拿出一把小铁锤，朝着王某冲过去，试图威胁王某。孙某声称如果王某等人还不走，他就不客气了，并意图殴打王某，被其他税务员及周围邻居拉开，在拉扯过程中致使王某受伤。

最后，当地派出所派出干警予以制止，才算平息了事态。

法律分析

在本案中，孙某以威胁、使用暴力的方法拒不缴纳税款，明显是一种严重违法的抗税行为，理应受到法律的制裁。根据宪法的规定，依法纳税是每个纳税企业和公民对国家应尽的光荣义务。根据《中华人民共和国税收征收管理法》第六十七条的规定，以暴力、威胁方法拒不缴纳税款的，是抗税，除由税务机关追缴其拒缴的税款、滞纳金外，依法追究刑事责任。情节轻微，未构成犯罪的，由税务机关追缴其拒缴的税款、滞纳金，并处拒缴税款一倍以上五倍以下的罚款。

抗税行为严重的构成抗税罪，根据《刑法》规定，处三年以下有期徒刑或者拘役，并处拒缴税款一倍以上五倍以下罚金；情节严重的，处三年以上七年以下有期徒刑，并处拒缴税款一倍以上五倍以下罚金。

税收是国家为了向社会提供公共产品、满足社会共同需要、按照法律的规定，参与社会产品的分配、强制且无偿取得财政收入的一种规范形式。税收是一种非常重要的政策工具，因为税收属于"取之于民，用之于民"，所以"偷税漏税抗税"不仅是触犯法律的行为，还是践踏社会公平、侵吞公众财产的行为。因此，对于偷税、漏税、抗税行为，我们要坚决说"不"！

九、尊重国旗、国歌、国徽

案情介绍一

某网红在直播期间出于吸引观众、活跃气氛等目的，以戏谑的态度哼唱国歌，且该网红并未意识到自己行为不端。

有网友出于维护国家尊严、清正社会氛围的目的向相关机构进行了举报。后经调查，情况属实，该网红被处以行政拘留5日的处罚。

案情介绍二

向阳村的村民张某因村里分地事宜产生不满情绪，为此跑到该村的村委会找村长理论，因为村长当日有事外出，于是张某为表达自己的不满，爬到村委会办公室二楼的阳台上，一把扯住国旗旗杆，将旗杆拉向自己后，顺势将国旗从旗杆上扯下来并撕烂，随后扔到村委会院内。

张某的行为违反了我国相关的法律规定，其行为根据《刑法》第二百九十九条规定，构成侮辱国旗罪。

法律分析

国歌是国家的象征和标志，所有公民和组织都应当尊重国歌，维护国歌的尊严。对于侮辱国歌的行为，需要承担法律责任，由公安机关处以警告或者15日以下拘留，情节严重构成犯罪的（即在公共场合，故意篡改中华人民共和国国歌歌词、曲谱，以歪曲、贬损的方式奏唱国歌，或者以其他方式侮辱国歌），情节严重的，处3年以下有期徒刑、拘役、管制或者剥夺政治权利。

同样的，国旗和国徽也是一个国家的象征和标志，任何公民和组织不得侮辱国旗和国徽。例如：有些人为了表达政治诉求或者基于其他非法目的，焚烧玷污国旗、国徽，环保工人利用国旗装垃圾，都构成对国旗、国徽的侮辱。

侮辱国歌、国旗、国徽即侮辱国家。我国宪法《刑法》《国歌法》《国旗法》《国徽法》及其他法律法规中都有维护国歌、国旗、国徽尊严的法律规范体系。国旗、国徽、国歌代表国家的尊严，是民族精神、爱国主义精神的集中体现。尊重和爱护国旗、国徽、国歌，是每一位公民的法定义务。

第三章
行政法篇

一、什么是行政法

行政法是调整国家行政管理活动的法律规范的总和，包括有关行政管理主体、行政行为、行政程序、行政监察与监督以及国家公务员制度等方面的法律规范。

主要有：《中华人民共和国公务员法》《中华人民共和国行政处罚法》《中华人民共和国行政许可法》《中华人民共和国行政复议法》《中华人民共和国行政强制法》等。

二、国家赔偿金如何计算

案情介绍

2017年7月，王大力被太阳县公安局刑事拘留，太阳县检察院以证据不足退回该局补充侦查。

2019年12月，王大力被取保候审。

2020年，县公安局撤销案件。随后，王大力认为其人身自由受到侵犯，于是提出国家赔偿申请。

2020年12月，县公安局向王大力出具赔偿决定书，但是王大力对于赔偿的数额不满意，认为赔偿数额过低。于是在2021年，王大力先后向公安局和市法院赔偿委员会提出复议申请，但二者均作出维持原判的决定。

那么，本案中，对于王大力被限制人身自由的赔偿金，该如何计算？

法律分析

根据《中华人民共和国国家赔偿法》第三十三条的规定，侵犯公民人身自由的，每日赔偿金按照国家上年度职工日平均工资计算。上年度具体是指赔偿义务机关、复议机关或者法院赔偿委员会作出赔偿决定时的上年度；复议机关或者法院赔偿委员会决定维持原赔偿决定的，按作出原赔偿决定时的上年度执行。

在本案中，太阳县公安局于2020年作出赔偿决定，之后被复议维持。因此，太阳县公安局应当按照2020年的上一年即2019年的标准进行赔偿。

相关法规

《中华人民共和国国家赔偿法》第三十三条　侵犯公民人身自由的，每日赔偿金按照国家上年度职工日平均工资计算。

三、国家赔偿——警方合法行为造成的损失，国家需要承担赔偿责任吗

案情介绍

韩梅的丈夫张旺是一名出租车司机，在接完当日最后一单并把乘客送到目的地后，在回家的路上发生交通事故。公安局交警大队在接到周围群众拨打的110报警电话后，立即出警，火速赶到事故现场。由于事故比较严重，张旺驾驶的轿车已经严重变形，张旺被夹在驾驶座中生死不明，需要立即进行抢救。

警方先后采用撬、杠等方法，依然不能打开驾驶室的门，为了尽快救出张旺，警方决定采用气焊切割的方法，终于将张旺从驾驶室中救出，并送往医院对其进行救治。

尽管警方在救援过程中，采取了安全保护措施，但是切割时仍造成轿车失火，导致汽车的损失进一步扩大。为此，韩梅要求公安局赔偿其汽车因交警大队在抢险时用气焊切割其轿车，致使其轿车被烧毁的损失，但公安局认为交警大队不存在违法行为，遂作出不予赔偿的决定。韩梅不服，故提出诉讼，请求行政赔偿。

那么，韩梅的诉求是否会得到法院支持？

法律分析

根据我国《国家赔偿法》的有关规定，对国家机关及其工作人员违法行使职权或存在过错等原因造成的损害，给予国家赔偿。

在本案中，警方接到报警后便立即派人赶赴现场处理事故，履行了交通警察的职责；由于司机张旺生死不明，情况危急，需要送往医院进行救治，警方在尝试了其他方法后，仍无法打开已经变形的车门。在这种情况下，为了救出张旺只能破损车门。

因此，警方的此种行为不具有违法性，所以韩梅的诉求不会得到法院支持。

相关法规

《中华人民共和国国家赔偿法》第二条 国家机关和国家机关工作人员行使职权，有本法规定的侵犯公民、法人和其他组织合法权益的情形，造成损害的，受害人有依照本法取得国家赔偿的权利。

本法规定的赔偿义务机关，应当依照本法及时履行赔偿义务。

四、国家赔偿——因行政强制措施导致食品过期，可否提出国家赔偿

案情介绍

张庆宝于某农贸市场租用了一间门面房，从事自制月饼的销售工作，但因王二虎突然提出该门面房属于王二虎，应由其使用。因其二人的争执，工商局扣缴了张庆宝的营业执照，导致张庆宝不得不暂停生意两个月。

重新营业后，张庆宝发现制作好的月饼均因过期不能出售，遂向工商局

提出赔偿请求。

张庆宝因被扣缴营业执照而暂停两个月生意，导致其生产的月饼过期，不能出售。那么，由此造成的损失，是否属于国家赔偿的范围？

法律分析

食品过期不能出售而造成的损失不属于国家赔偿的范围。根据《中华人民共和国国家赔偿法》的规定，国家赔偿原则上只赔偿直接损失，所谓的直接损失是指因遭受不法侵害对现有财产带来的必然性、直接性的侵害。

例如：警察接到报警后，拒不出警造成财物被抢劫，警察拒不出警的行为是不履行法定职责的行为。此行为造成财物被抢劫，应当承担赔偿责任，属于国家赔偿的范围。

这种必然性、直接性的侵害造成的损失，不包括受害人的可得利益或期待性利益损失。食品过期不能出售造成的损失属于可期待的利益损失，不属于直接损失。因此，不属于国家赔偿的范围。

相关法规

《中华人民共和国国家赔偿法》第三十六条 侵犯公民、法人和其他组织的财产权造成损害的，按照下列规定处理：

（一）处罚款、罚金、追缴、没收财产或者违法征收、征用财产的，返还财产；

（二）查封、扣押、冻结财产的，解除对财产的查封、扣押、冻结，造成财产损坏或者灭失的，依照本条第三项、第四项的规定赔偿；

（三）应当返还的财产损坏的，能够恢复原状的恢复原状，不能恢复原状的，按照损害程度给付相应的赔偿金；

（四）应当返还的财产灭失的，给付相应的赔偿金；

（五）财产已经拍卖或者变卖的，给付拍卖或者变卖所得的价款；变卖的价款明显低于财产价值的，应当支付相应的赔偿金；

（六）吊销许可证和执照、责令停产停业的，赔偿停产停业期间必要的经常性费用开支；

（七）返还执行的罚款或者罚金、追缴或者没收的金钱，解除冻结的存款或者汇款的，应当支付银行同期存款利息；

（八）对财产权造成其他损害的，按照直接损失给予赔偿。

五、扣押财物——电动三轮车被扣押，连车上物品一起被扣押了，怎么办

案情介绍

彭三于某日下午驾驶一辆无号牌的电动三轮车去市集购买生活用品。回家的路上，行至滨海路路口时，被该县的公安交通大队民警张峰截停。

经确认，彭三在购买电动三轮车后没有按照相关规定挂号牌。于是，张峰根据相关法律规定对彭三的电动车作出扣押的强制措施，将其电动三轮车及其购买的生活用品一并扣押并当场向彭三交付扣押清单。

本案中，张峰的做法合法吗？

法律分析

张峰的做法不合法。根据《中华人民共和国行政强制法》第二十三条的规定，扣押仅限于涉案的财物，除涉案财物外，不得扣押与违法行为无关的财物。

在本案中，电动三轮车上的生活用品与其违法行为无关，三轮车上的生活用品并不违法，所以不能扣押。因此，张峰的做法是不合法的。

相关法规

《中华人民共和国行政强制法》二十三条 查封、扣押限于涉案的场所、设施或者财物，不得查封、扣押与违法行为无关的场所、设施或者财物；不得查封、扣押公民个人及其所扶养家属的生活必需品。

当事人的场所、设施或者财物已被其他国家机关依法查封的，不得重复查封。

六、民间纠纷——当事人因民事纠纷达成协议后，公安机关可否再进行治安处罚

案情介绍

2006年6月1日，北京市海淀区苏女士家的中型犬和侯女士家的小型犬发生撕咬。侯女士护犬心切，急忙捡起路旁的树杈对苏女士家的中型犬进行驱赶。苏女士见状，对侯女士的行为表示了极大的不满，遂与侯女士发生了

争吵。

随后，苏女士的丈夫张某赶到，二人一起对侯女士进行了殴打，致侯女士轻伤。在公安局民警的主持下，苏女士夫妇与侯女士达成了和解，并赔偿侯女士500元。

达成协议之后，公安机关是否可以对苏女士夫妇二人进行治安处罚？

法律分析

根据《中华人民共和国治安管理处罚法》第九条的规定，对于因民间纠纷引起的打架斗殴或者损毁他人财物等违反治安管理行为，情节较轻的，公安机关可以调解处理。

在本案中，苏女士夫妇已与侯某达成和解协议，按照法律的规定，公安机关不应再对其夫妇二人予以治安处罚。但如果达成协议之后，苏女士夫妇拒不履行的，公安机关可按照《中华人民共和国治安管理处罚法》进行处罚。

相关法规

《中华人民共和国治安管理处罚法》第九条　对于因民间纠纷引起的打架斗殴或者损毁他人财物等违反治安管理行为，情节较轻的，公安机关可以调解处理。经公安机关调解，当事人达成协议的，不予处罚。经调解未达成协议或者达成协议后不履行的，公安机关应当依照本法的规定对违反治安管理行为人给予处罚，并告知当事人可以就民事争议依法向人民法院提起民事诉讼。

七、工伤保险——对人社局作出的《不予认定工伤决定书》不服，能否提出诉讼

案情介绍

李娜系某中学的数学教师，2020年10月19日下午17时10分许，李娜在该中学工作时突发脑出血并被迅速送往该市中心医院进行抢救。

当晚，院方即表示李娜已无救治成功的可能，但是李娜家属执意要求进行抢救，院方遂决定依靠相关设备维持李娜的基本生命体征。

次日，经专家会诊，院方再次得出李娜的情况完全符合脑死亡的临床判定标准的结论。但是其家属依旧认为李娜存在康复的可能，坚决不同意放弃治疗，直到10月25日，李娜的心脏停止跳动。因此医院未出具病人48小时内脑死亡证明。

另外，李娜家属与其工作的中学委托相关鉴定机构作出"根据现有资料，不排除从2020年10月19日（48小时之内）已发生并渐进至不可逆转，最终致全脑功能丧失死亡"的鉴定结论。

2020年10月30日，李娜就职的中学向当地人力资源和社会保障局申请工伤认定。人社局于2020年12月15日作出《不予认定工伤决定书》，认为其抢救时间已远远超过48小时，因此对李娜的死亡不予认定或者视同为工伤。

李娜的丈夫林峰不服人社局作出的《不予认定工伤决定书》，于2021年1月4日，林峰向法院提起行政诉讼。

📖 法律分析

首先，我国法律尚未对死亡标准的判定作出明确规定，根据《中华人民共和国工伤保险条例》（以下简称《条例》）第十五条第一款的规定，可以从保护职工合法权益的角度考虑，将脑死亡纳入死亡标准予以解释，这符合《条例》的立法宗旨。

其次，根据《中华人民共和国民法典》第十五条的规定，自然人的出生时间和死亡时间，以出生证明、死亡证明记载的时间为准；没有出生证明、死亡证明的，以户籍登记或者其他有效身份登记记载的时间为准。有其他证据足以推翻以上记载时间的，以该证据证明的时间为准。

最后，根据《条例》第十五条的规定，在工作时间和工作岗位，突发疾病死亡或者在48小时之内经抢救无效死亡的，视同工伤。因此，人社局应当对李娜是否属于脑死亡这一事实予以审查认定，根据上述材料不足以证明其已尽到了相应的调查职责，故人社局作出的《不予认定工伤决定书》事实不清，证据不足，应予撤销。

⚖ 相关法规

《中华人民共和国工伤保险条例》第十五条　职工有下列情形之一的，视同工伤：

（一）在工作时间和工作岗位，突发疾病死亡或者在48小时之内经抢救无效死亡的；

（二）在抢险救灾等维护国家利益、公共利益活动中受到伤害的；

（三）职工原在军队服役，因战、因公负伤致残，已取得革命伤残军人证，到用人单位后旧伤复发的。

职工有前款第（一）项、第（二）项情形的，按照本条例的有关规定享受工伤保险待遇；职工有前款第（三）项情形的，按照本条例的有关规定享受除一次性伤残补助金以外的工伤保险待遇。

八、工伤保险——对市人社局作出的不予认定工伤决定的行政行为不服，可否申请行政复议

案情介绍

乔某家距离工作单位路途远，上班需要提前半天出发才能赶到单位。

2014年11月2日19时，乔某驾驶摩托车在前往单位的途中，被路上石头阻绊摔倒，致头部受伤，乔某认为其受伤符合认定为工伤的条件。

市人力资源和社会保障局认为，根据《中华人民共和国工伤保险条例》第十四条第（六）项和《最高人民法院关于审理工伤保险行政案件若干问题的规定》的相关规定，在认定是否属于工伤情形时，应当以有权机构出具的事故责任认定书、结论性意见和人民法院生效裁判等法律文书为依据，对受到的伤害的责任作出认定。

该县公安局交警大队道路交通事故证明书中说因该案系事后报案，证据缺失，事故责任无法认定。因事故责任无法认定，所以乔某受伤不符合工伤认定的情形，故市人力资源和社会保障局作出不予认定工伤的决定。

乔某不服市人力资源和社会保障局作出的不予认定工伤决定的行政行为。那么，乔某能不能向市人民政府申请行政复议？

法律分析

在本案中，乔某在前往工作单位的路途中摔倒而受伤。申请人受伤的原因是否符合《中华人民共和国工伤保险条例》属于"本人主要责任"的情形不能确定，市人力资源和社会保障局作出的《不予认定工伤决定书》事实不清，证据不足，且市人力资源和社会保障局没有进行认真调查，此种行政行为侵犯了乔某的合法权益。根据《中华人民共和国行政复议法》第六条的规定，可以依法向复议机关提出复议申请。

相关法规

《中华人民共和国行政复议法》第六条　有下列情形之一的，公民、法人或者其他组织可以依照本法申请行政复议：

（一）对行政机关作出的警告、罚款、没收违法所得、没收非法财物、责令停产停业、暂扣或者吊销许可证、暂扣或者吊销执照、行政拘留等行政处罚决定不服的；

（二）对行政机关作出的限制人身自由或者查封、扣押、冻结财产等行政强制措施决定不服的；

（三）对行政机关作出的有关许可证、执照、资质证、资格证等证书变更、中止、撤销的决定不服的；

（四）对行政机关作出的关于确认土地、矿藏、水流、森林、山岭、草原、荒地、滩涂、海域等自然资源的所有权或者使用权的决定不服的；

（五）认为行政机关侵犯合法的经营自主权的；

（六）认为行政机关变更或者废止农业承包合同，侵犯其合法权益的；

（七）认为行政机关违法集资、征收财物、摊派费用或者违法要求履行其他义务的；

（八）认为符合法定条件，申请行政机关颁发许可证、执照、资质证、资格证等证书，或者申请行政机关审批、登记有关事项，行政机关没有依法办理的；

（九）申请行政机关履行保护人身权利、财产权利、受教育权利的法定职责，行政机关没有依法履行的；

（十）申请行政机关依法发放抚恤金、社会保险金或者最低生活保障费，行政机关没有依法发放的；

（十一）认为行政机关的其他具体行政行为侵犯其合法权益的。

第四章
刑法篇

一、什么是犯罪，以及犯罪构成要件有哪些

犯罪是《中华人民共和国刑法》（以下简称《刑法》）中的一个最基本的概念。我们日常生活中所说的犯罪，比如杀人、放火、抢劫等，若将这些行为的共同属性加以概括，那就是犯罪的概念。

关于犯罪的概念，在《刑法》第十三条有具体的规定，一切危害国家主权、领土完整和安全，分裂国家、颠覆人民民主专政的政权和推翻社会主义制度，破坏社会秩序和经济秩序，侵犯国有财产或者劳动群众集体所有的财产，侵犯公民私人所有的财产，侵犯公民的人身权利、民主权利和其他权利，以及其他危害社会的行为，依照法律应当受刑罚处罚的，都是犯罪，但是情节显著轻微危害不大的，不认为是犯罪。

在这个定义中，揭示出犯罪是依照法律应当受到刑法处罚的行为，同时也揭示出这些行为之所以是犯罪，是因为它具有各种社会危害性，因此我们可以归纳出犯罪具有的3个特征：

（一）犯罪是危害社会的行为，具有一定的社会危害性

我国《刑法》中所规定的犯罪首先要求必须是行为，只有行为才会对社会造成危害，如果一个人仅仅是思想的反动，但是没有对社会实施危害行为，刑法是不能对其进行处罚的。同时这种行为必须具有社会危害性，也就是说，这种行为对我国《刑法》所保护的各种社会关系造成了损害。

(二)犯罪是违犯刑事法律的行为，即具有刑事违法性

犯罪是危害社会的行为，但是并不是所有危害社会的行为都是犯罪，有些危害社会的行为是违法的，但不构成犯罪。

例如：王某（20岁）为了购买网络游戏装备，趁工友赵某午休出门吃饭，将赵某放在储物柜中的200元偷走。由于偷走200元属于情节显著轻微危害不大，不认为是犯罪，所以王某这种小偷小摸的行为属于违反《治安管理处罚法》的行为，不构成盗窃罪。

再例如：钱某（20岁）偷偷溜进孙某的家中，将孙某家中一块价值万元的手表和3000元偷走，钱某的行为不仅具有社会危害性，而且还违反了《刑法》，具有刑事违法性，构成盗窃罪。

刑事违法性对于司法机关办案具有很重要的意义，有些行为可能有害，或者可能违反了其他法律，但是只要不违反《刑法》，司法机关就不能给他定罪判刑。

(三)犯罪是应受刑罚处罚的行为

犯罪的第三个基本特征是犯罪行为应当受到刑罚处罚，刑罚处罚就是对犯罪行为的制裁。我们国家的法律制裁是成体系的，有民事制裁、行政制裁还有刑事制裁，只有危害程度比较严重的达到了应当受刑罚处罚制裁程度的，才能构成犯罪。所以在《刑法》第十三条，"但书"[1]中作出了明确规定，如果一个危害行为情节显著轻微危害不大的，不认为是犯罪。

我们在了解了犯罪的概念之后，若要认定一个行为为犯罪，需要满足哪些条件呢？这就涉及另外一个问题：犯罪构成。

---

[1] 在法律条文中，于本文后，说明有例外情况或某种附加条件的文字。因句首常冠以"但"字，故名"但书"。

犯罪构成是《刑法》所规定的、决定某一具体行为的社会危害性及其程度而为该行为构成犯罪所必需的一切客观要件和主观要件的总和。各个罪名的构成要件各有不同，总的来说，可以从四个方面进行把握，分别是犯罪客体、犯罪客观方面、犯罪主体以及犯罪主观方面。

所谓的犯罪客体是指被《刑法》所保护而为犯罪行为所侵害的社会关系，比如故意杀人罪中行为人侵犯的是他人的生命权。生命权是受《刑法》保护的最基本的人身权。所以，故意杀人罪的犯罪客体是受《刑法》保护的他人的生命权。

所谓的犯罪客观方面是指某一行为构成犯罪而必须具备的客观事实特征，如故意杀人罪表现为行为人实施了非法剥夺他人生命的行为。在我国，所谓的犯罪主体，一般是自然人，但在部分犯罪中，单位也可以成为犯罪主体；所谓的犯罪的主观方面是指行为人对其实施的行为必然或可能引起的危害结果所持的心理态度，主要包括犯罪故意和犯罪过失。

犯罪故意是指行为人在明知自己的行为会发生危害社会的结果，但仍希望或者放任这种结果发生的主观心理状态；犯罪过失是指行为人应当预见自己的行为可能会发生危害社会的结果，因为疏忽大意而没有预见，或者已经预见而轻信能够避免的一种心理态度。比如：故意杀人罪，行为人对于他人死亡的这一结果，所持的就是一种积极追求他人死亡或者是放任他人死亡的心理态度。

把握犯罪构成有助于我们在追究犯罪人的刑事责任时有理有据，同时也能够更好地区分罪与非罪、此罪与彼罪，也就是更好地把握行为人是否构成犯罪，构成什么犯罪，最重要的是可以保障无辜者不受非法追究。如果一个人的行为不具备任何犯罪的构成要件，则无权追究其刑事责任。

二、什么是刑罚，刑罚的种类有哪些

刑罚即刑事处罚，是指根据《刑法》所规定的由国家审判机关，即人民法院，对犯罪人所适用的限制或剥夺其某种权益的强制性制裁方法。

《刑法》体系由主刑和附加刑两类九种刑罚方法组成。

主刑由轻到重依次为管制、拘役、有期徒刑、无期徒刑、死刑，附加刑则分别为罚金、剥夺政治权利、没收财产、驱逐出境。

在我国，对于一种犯罪或同一犯罪人，只能判处一个主刑，不能判处两个或两个以上主刑；并且主刑对于犯罪嫌疑人是独立适用的，不能附加于其他刑罚。

例如：张三因盗窃罪被判处有期徒刑3年，并处罚金1000元，不能表述为张三因盗窃处罚金1000元并处3年有期徒刑。

（一）管制

管制是我国独有的一种刑罚，是最轻的主刑，是指对犯罪人不予关押而由社区矫正机构进行社区矫正，同时可以根据犯罪情况禁止犯罪人在执行期间从事特定活动，进入特定区域、场所，接触特定人员的刑罚方法。根据《刑法》规定的管制的期限，为三个月以上二年以下。

（二）拘役

拘役，是一种自由刑[①]，介于管制和有期徒刑之间的一种次轻刑，是指短期剥夺犯罪人的人身自由，就近拘禁并强制其劳动改造的刑罚方法。根据《刑法》的规定，拘役由公安机关就近执行，犯罪分子每月可以回家一天至两

---

① 自由刑是以剥夺自由为主要内容的刑罚，受刑者在一定的设施内被拘禁。

天，在拘役期间参加劳动的可获得一定报酬；拘役的期限为一个月以上六个月以下。

（三）有期徒刑

有期徒刑是一种自由刑，在《刑法》中适用范围最广泛的一种刑罚，在我国刑罚体系中占有极为重要的地位。有期徒刑是指在一定期限内剥夺犯罪分子的人身自由，在监狱或者其他场所强制进行教育改造和劳动改造的一种刑罚方法。根据《刑法》的规定，有期徒刑的期限为六个月以上十五年以下。

（四）无期徒刑

无期徒刑是介于有期徒刑和死刑之间，剥夺犯罪分子终身自由，强制犯罪分子在监狱进行教育改造和劳动改造的一种刑罚方法。无期徒刑适用的是那些罪行严重，但不足以判处死刑的行为，是对犯罪人的终身监禁。但在我国刑罚执行的实践过程中，无期徒刑的执行结果可能有两种：一种是犯罪人不认罪、不悔罪，确实在监狱中服刑终身；另一种是犯罪人确有悔改或立功表现而被减为有期徒刑。事实上，绝大多数无期徒刑犯都被减刑而转为有期徒刑。

（五）死刑

死刑是剥夺犯罪分子生命的一种刑罚方法，是最严厉的刑罚。对于罪行极其严重的犯罪分子才会适用死刑。

所谓罪行极其严重，是指对国家和人民的利益危害特别严重，情节特别恶劣的犯罪行为。但是，对于适用死刑的犯罪主体，在《刑法》中是有所限制的，犯罪的时候不满18周岁的人和审判的时候怀孕的妇女，不适用于死刑。审判的时候已满75周岁的老人，不适用于死刑，但以特别残忍手段致人死亡的除外。

三、危害公共安全罪——在高速公路上恶意别车要不得

案情介绍

2019年3月,被告人何某驾驶大众牌汽车,在某市某区某高速路段行驶时,发现同样在该路段驾驶汽车的张某(车内有一名乘客康某)没有打转向灯直接并线。对此,何某很是不满,且越想越生气。

为了出这口气,何某在张某正常行驶时,故意加速开到其车前。张某换车道何某就打转向灯也要更换车道,故意阻碍张某车辆正常行驶,导致张某躲闪不及,何某驾驶的汽车侧尾部与张某驾驶的汽车发生碰撞。张某的汽车失控剐蹭到另一辆在高速路上行驶的货车,且张某的汽车撞向中心隔离护栏。

何某看到张某发生交通事故,觉得很解气,之后驾车扬长而去。事故导致张某、乘客康某以及货车司机均受了轻微伤,车辆均有损坏。

法律分析

在本案中,作为一名机动车驾驶员,何某应当明知在高速公路上恶意别车,极易导致被别车辆或者其他车辆刹车不及而发生追尾、碰撞,从而造成巨大的人身、财产损失,但何某仍为发泄自己的不满情绪而放任这种结果的发生。在不具备超车并线的情况下,故意强行并线,恶意别车,并造成二人受伤、三车受损的后果。

其行为危害到的不仅是某一特定对象的安全,而是在高速公路上行驶的不特定司乘人员的生命与财产安全,其危害程度与放火、决水、爆炸、投放危险物质等对公共安全造成危害的行为程度相当,已构成以危险方法危害公

共安全罪。

那么，什么是以危险方法危害公共安全罪？我国《刑法》对于此罪如何处罚？

以危险方法危害公共安全罪，是指以放火、爆炸、决水、投放危险物质之外的危险方法危害公共安全的行为。

首先，本罪侵犯的是公共安全，所谓的公共安全是指不特定的多数人的生命、健康或者重大公私财产的安全。需要注意的是，如果是针对特定的人或者危险的方法实际上不可能危及他人的生命、身体安全仅使公私财产遭受重大损失，是不能认定构成以危险方法危害公共安全罪的。

其次，这里所说的其他危险方法指的是放火、爆炸、决水、投放危险物质之外的并与之危险程度相当的方法。

例如：赵某（男）在其女朋友李某经营的小吃店外，因琐事与其女友李某发生争执、扭打，他人多次劝阻无果。随后，赵某在大量人群围观的情况下，饮酒后无证驾驶其越野车，连续四次撞击李某经营的店铺，致使李某店铺被撞毁、与李某店铺相邻的张某（男）经营的店铺受损。

赵某驾驶机动车辆在公共场所故意冲撞众人的行为危及公共场所不特定多数人的生命、财产安全，其行为构成以危险方法危害公共安全罪。这种驾驶机动车辆在公共场所故意冲撞人群的行为可以认定为"其他危险方法"，比如拆卸公共道路中央的下水井盖、驾驶人员与人打闹而任由机动车处于失控状态，等等。

行为人构成本罪所满足的条件必须是年满16周岁的自然人，具有刑事责任能力。由于这种犯罪往往与故意杀人罪、故意伤害罪相竞合，因而，如果已满12周岁的自然人以危险方法危害公共安全致人死亡、重伤，同时符合故意杀人罪或故意伤害罪（致人重伤）条件的，应以故意杀人罪或故意伤害罪追究其刑事责任。

行为人在主观方面应表现为故意，也就是说，行为人要明知自己使用的方法足以危害众人的生命、健康和重大财产安全，并在主观上希望或者放任此种结果的发生。如果不具有故意，仅仅是过失，则不构成以危险方法危害公共安全罪，可能构成过失以危险方法危害公共安全罪。

因此，我们应当文明开车，相互礼让，理性对待行车过程中遇到的不文明的行为，戒除"路怒症"、忌开斗气车，避免因一时意气用事造成不可挽回的后果。其他如干扰公交车司机驾驶、向飞机发动机投掷硬币、高空抛物等同样都有可能造成不可挽回的后果的事件，切莫因为一时不顺一时冲动毁了他人和自己的人生。

相关法规

《刑法》第一百一十四条　放火、决水、爆炸以及投放毒害性、放射性、传染病病原体等物质或者以其他危险方法危害公共安全，尚未造成严重后果的，处三年以上十年以下有期徒刑。

《刑法》第一百一十五条　放火、决水、爆炸以及投放毒害性、放射性、传染病病原体等物质或者以其他危险方法致人重伤、死亡或者使公私财产遭受重大损失的，处十年以上有期徒刑、无期徒刑或者死刑。

过失犯前款罪的，处三年以上七年以下有期徒刑；情节较轻的，处三年以下有期徒刑或者拘役。

四、交通肇事罪——酒驾致他人死亡后逃逸，怎么判刑

案情介绍

1999年9月，没有驾驶证的泉某于某日晚上跟朋友喝完酒后，驾驶没有牌照的农用三轮车回家。在路上，因其酒后微困，没有注意到相向驶来的驾驶无牌照摩托车的王某某（男，殁年21岁），二人遂发生碰撞，致使王某某当场死亡，双方车辆均受到不同程度的损坏。

事发当晚，泉某驾驶农用三轮车逃离现场，之后逃至呼伦贝尔市。

2013年8月某日，泉某主动向公安局交通警察大队投案。次日，经公安局交通警察大队认定，泉某驾驶机动三轮车与王某某发生交通事故后直接逃离现场，未及时报案，系事故形成的原因，故负事故的全部责任。

法律分析

根据我国法律规定，被告人泉某，因酒后无证驾驶而导致发生重大交通事故，致一人死亡，严重违反交通运输管理法规，应负事故的全部责任。其行为已构成交通肇事罪，应追究其刑事责任。

随着我们生活水平的提高，道路上的机动车越来越多，几乎每天都有交通事故发生，交通肇事罪是我们日常生活中一不小心就可能触犯的罪行。所以，对每个司机而言，不仅要谨慎开车，还要具备一些交通肇事罪的法律常识。

那么，什么是交通肇事罪？

交通肇事罪是指违反交通运输管理法规，因而发生重大事故，致人重伤、

死亡或者使公私财产遭受重大损失的行为。需要注意的是，交通肇事罪是典型的结果犯[①]，也就是说，必须要产生致人重伤、死亡或者公私财产遭受重大损失的结果，否则无法认定行为人构成交通肇事罪。

本罪的构成特征是：第一，本罪侵犯的客体是交通运输安全；第二，本罪在客观方面表现为因违反交通运输管理法规而发生重大交通事故，致人重伤、死亡或者使公私财产遭受重大损失；第三，本罪的主体是一般主体，即已满16周岁具有刑事责任能力的自然人；第四，本罪的主观方面是过失，即行为人应当预见自己的违章行为可能造成重大交通事故，但因行为人疏忽大意而没有预见，或者行为人已经预见，但因其轻信能够避免的心理态度。

那么，在日常生活中，我们如何区分交通肇事罪与一般的交通违法行为呢？

第一，要看行为人是否有违章行为，如果行为人没有违章行为，即使发生了重大事故，也不构成交通肇事罪。

第二，有了违章行为就一定构成交通肇事罪吗？也不一定，还要同时满足第二个条件，即造成重大事故。什么情况下会被认定为重大事故呢？根据《最高人民法院关于审理交通肇事刑事案件具体应用法律若干问题的解释》第二条的规定，交通肇事具有下列情形之一的，认为是交通肇事中的重大事故，可以以交通肇事罪论处，处三年以下有期徒刑或者拘役：

（1）死亡一人或者重伤三人以上，负事故全部或者主要责任的；

（2）死亡三人以上，负事故同等责任的（同等责任是指造成交通事故的各方当事人均有违章行为，情节相当）；

[①] 结果犯，是指犯罪行为必须造成犯罪构成要件所预定的危害结果的犯罪。即以发生法定的有形的危害结果作为犯罪构成必要要件的犯罪。

（3）造成公共财产或者他人财产直接损失，负事故全部或者主要责任，无能力赔偿数额在三十万元以上的。

交通肇事致一人以上重伤，负事故全部或者主要责任，并具有下列情形之一的，以交通肇事罪处罚：①酒后、吸食毒品后驾驶机动车辆的；②无驾驶资格驾驶机动车辆的；③明知是安全装置不全或者安全机件失灵的机动车辆而驾驶的；④明知是无牌证或者已报废的机动车辆而驾驶的；⑤严重超载驾驶的；⑥为逃避法律追究逃离事故现场的。

致一人以上重伤且负事故全部或主要责任，且有逃离现场的行为，构成交通肇事罪。因此，如果在驾车时不幸发生了交通事故，切记，无论如何，不要逃逸！因为根据法律规定，交通肇事后逃逸的，要加重对行为人的处罚。行为人交通肇事构成犯罪，在发生交通事故后，为逃避法律追究而逃跑，构成"交通肇事后逃逸"。

交通运输肇事后逃逸或有下列情形之一的，处三年以上七年以下有期徒刑：（1）死亡二人以上或者重伤五人以上，负事故全部或者主要责任的；（2）死亡六人以上，负事故同等责任的；（3）造成公共财产或者他人财产直接损失，负事故全部或者主要责任，无能力赔偿数额在六十万元以上的。

如果行为人在交通肇事后，为逃避法律追究而逃跑，致使被害人因得不到救助而死亡的，处七年以上有期徒刑。

最后需要注意的是：根据《最高人民法院关于审理交通肇事刑事案件具体应用法律若干问题的解释》第六条规定，行为人在交通肇事后为逃避法律责任追究，将被害人带离事故现场后隐藏或者遗弃，致使被害人无法得到救助而死亡或者严重残疾的，按照故意杀人罪或故意伤害罪定罪处罚。因为在这种情况下，行为人在交通肇事后，不仅没有对被害人实施救助，还把被害人带离事故现场后隐藏或者遗弃，剥夺了其他人对被害人施救的机会。我们认为行为人对被害人的死亡是一种希望或者放任的态度，此时行为人交通肇事构成的交通肇事罪与故意杀人罪或故意伤害罪相竞合，以故意杀人罪或者故意伤害罪定罪。

发生交通事故时，逃避是无济于事的，反而会加重刑罚力度。所以一旦发生交通事故，应当主动报警自首，并积极配合被害人的救治，努力获得谅解。因此，在生活中，不论是从家庭幸福，还是从社会和谐的角度，都应本着礼让行人、宁停三分不抢一秒的态度，严格遵守交通规则。

相关法规

《刑法》第一百三十三条　违反交通运输管理法规，因而发生重大事故，致人重伤、死亡或者使公私财产遭受重大损失的，处三年以下有期徒刑或者拘役；交通运输肇事后逃逸或者有其他特别恶劣情节的，处三年以上七年以下有期徒刑；因逃逸致人死亡的，处七年以上有期徒刑。

五、危险驾驶罪——喝完藿香正气水驾车，算酒驾吗

案情介绍

李某平时有胸痛的毛病，为了止痛，十多年来一直喝藿香正气水缓解疼痛，每天至少喝3~6支。

某日，李某因胸痛喝了6支（约30毫升）藿香正气水后，接到朋友电话约

其出去喝酒，遂开着电动车前往饭店，途中因其在闯红灯时为了躲避正常行驶的车辆，与停放在路边的警务巡逻车发生碰撞，造成两车轻微受损。

经鉴定，李某驾驶的电动车属于机动车辆，且经酒精测试仪检测，李某血液中的酒精含量为351.3mg/100ml。经调查，李某称自己从未留意过藿香正气水说明书上注明的含酒精的信息，并且在购买藿香正气水时，药店的药师也未曾告知其该药中含有乙醇成分，在服用后不得驾驶机动车。但在几年前，李某刚开始购买藿香正气水时，药店的药师曾告知过，后来由于李某经常购买，就没有再提醒。

法律分析

在本案中，李某明知藿香正气水中含有酒精，仍在案发当日饮用大量藿香正气水后驾驶机动车，且血液中的酒精含量达到法定追诉标准，应当认定为醉酒驾驶，构成危险驾驶罪。

那么，我们该如何正确地认识危险驾驶罪呢？

危险驾驶罪是2011年《刑法修正案（八）》中新增设的罪名，是指在道路上驾驶机动车具有追逐竞驶、醉酒驾驶等特定危险驾驶情形的行为。本罪的构成特征是：第一，本罪侵犯的客体是道路交通安全管理制度；第二，本罪的主体是一般主体，即年满16周岁具有刑事责任能力的人。第三，本罪的主观方面是故意，这种追逐竞驶、醉酒驾驶等危险驾驶的行为对于公共安全造成的危险，行为人在主观上至少是一种放任结果发生的心态；第四，本罪的客观方面表现为在道路上驾驶机动车过程中危险驾驶的行为，这种危险驾驶行为具体分为四种情况：

第一，在道路上驾驶机动车追逐竞驶，情节恶劣，俗称"飙车"。

例如：甲驾驶机动车在公路上行驶，因不满正常行驶的车辆在车道内未予以避让，遂驾车对该车辆进行追逐。其间甲多次在实线变换车道并超速行驶，在追逐竞驶过程中车辆行驶速度为140~142.2公里/小时，后与在最右侧车道正常行驶的小货车发生碰撞，造成车辆受损。甲违反道路交通安全法律法规，在道路上驾驶机动车超速追逐竞驶，且造成交通事故并负事故的全部责任，情节恶劣，构成危险驾驶罪。

第二，在道路上醉酒驾驶机动车，俗称"醉驾"。

（一）醉酒的标准是什么？

最高人民法院、最高人民检察院、公安部《关于办理醉酒驾驶机动车刑事案件适用法律若干问题的意见》第一条规定：在道路上驾驶机动车，血液酒精含量达到80毫克/100毫升以上的，属于醉酒驾驶机动车。根据立法目的、法律本义及相关法律的精神，危险驾驶罪条文中醉酒驾驶机动车的"酒"，不应限于白酒、啤酒等酒类，而应该理解为酒精。行为人在明知摄入的物质内含有乙醇仍服用后驾驶机动车的，不管该物质是否属于酒类，只要致使血液内酒精含量超过了80毫克/100毫升，便构成危险驾驶罪。

在我们的生活中，荔枝、榴梿等高糖分水果，蛋黄派、腐乳、酒心巧克力等常见食品，及藿香正气水这类药品中均含有酒精。只要醉驾人员对物质内含有酒精有认知，且血液内酒精含量达醉驾标准，就可以以危险驾驶罪定罪处罚；如果血液内酒精含量为20毫克/100毫升，这时就是酒驾，而不是醉驾，酒驾不构成刑事犯罪。

醉驾同时也是交通肇事罪中"违反交通运输管理法规"的行为，如果醉驾造成重大交通事故并致人重伤、死亡或造成严重财产损失，且达到交通肇事罪定罪处罚标准的，以交通肇事罪定罪处罚；醉驾中发生交通事故但未达到交通肇事罪定罪处罚标准的，以危险驾驶罪定罪处罚。

第三，从事校车业务或者旅客运输，严重超过额定乘员载客，或者严重超过规定时速行驶的。机动车所有人、管理人对此种行为负有直接责任的，也依法处罚。

第四，违反《危险化学品安全管理规定》，运输危险化学品，危及公共安全的。机动车所有人、管理人对此种行为负有直接责任的，也依法处罚。

（二）什么是道路？什么是机动车？

《中华人民共和国道路交通安全法》第一百一十九条对此进行了说明，道路是指公路、城市道路和虽在单位管辖范围但允许社会机动车通行的地方，比如在校园内、小区内、人行道上危险驾驶的都可以构成危险驾驶罪。

机动车，是指以动力装置驱动或者牵引，上道路行驶的供人员乘用或者用于运送物品以及进行工程专项作业的轮式车辆，包括汽车、挂车、无轨电车、农用运输车、摩托车、机动三轮车和运输用拖拉机（包括带挂车的轮式拖拉机）以及轮式专用机械车。

非机动车，是指以人力或者畜力驱动，上道路行驶的交通工具，以及虽有动力装置驱动但设计最高时速、空车质量、外形尺寸符合有关国家标准的残疾人机动轮椅车、电动自行车等交通工具。驾驶非机动车是不构成危险驾驶罪的。

最后，有危险驾驶行为，同时构成其他犯罪的，依照处罚较重的刑罚处罚。危险驾驶罪是《刑法》中处罚最轻的犯罪，行为同时构成其他犯罪的，依照处罚较重的处罚，所以通常以其他犯罪来认定。

例如：乙醉酒驾驶，发生了重大交通事故，这个时候我们直接认定乙构成交通肇事罪。例如：丙在道路上追逐竞驶、横冲直撞，撞死了很多人，这个时候我们就可以认定其行为是以危险方法危害公共安全罪。

因此，大家在驾驶车辆的过程中，一定要遵守道路交通法律法规，秉承安全、文明的驾驶理念，避免一切安全隐患的产生，杜绝违法犯罪行为的发生。

相关法规

《刑法》第一百三十三条之一　在道路上驾驶机动车，有下列情形之一的，处拘役，并处罚金：

（一）追逐竞驶，情节恶劣的；

（二）醉酒驾驶机动车的；

（三）从事校车业务或者旅客运输，严重超过额定乘员载客，或者严重超过规定时速行驶的；

（四）违反危险化学品安全管理规定运输危险化学品，危及公共安全的。

机动车所有人、管理人对前款第三项、第四项行为负有直接责任的，依照前款的规定处罚。

有前两款行为，同时构成其他犯罪的，依照处罚较重的规定定罪处罚。

六、重婚罪——没离婚就"二婚",是否构成重婚罪

案情介绍

2000年1月,杜某(女)与丈夫陈某(男)登记结婚,并在结婚后育有一男一女,婚后的几年,二人因性格不合,经常吵架,致使夫妻感情破裂,但是一直没有办理离婚手续,且杜某的居民身份证一直由其丈夫陈某保管。

2016年3月,杜某与叶某相识,并与之交往。后杜某怀孕,为了与叶某结婚,杜某便以人民币400元向一名妇女(身份不详,在逃)购买了林某的居民身份证及伪造的一本林某的户口簿。

2017年2月28日,杜某持林某的居民身份证及伪造的户口簿,与叶某在县民政局婚姻登记处办理了结婚登记手续。

那么,本案中,杜某的行为是否构成重婚罪?

法律分析

杜某与其丈夫陈某登记结婚后,虽夫妻感情不和,但一直没有办理离婚手续。在夫妻关系存续期间,购买他人居民身份证及伪造的户口簿,与叶某登记结婚,破坏我国"一夫一妻制"婚姻制度,构成重婚罪。

(一)什么是重婚罪?

重婚罪,是指有配偶而重婚,或者明知他人有配偶而与之重婚的行为。这里所说的"有配偶"是指夫妻关系未经法律程序解除仍在存续期;当然,如果这种关系经法律程序解除,或者一方因某种原因去世而自然解除的,也就不存在所谓的"有配偶"了。

重婚是对家庭关系的一种破坏行为，侵犯了合法配偶的婚姻权利和人身权利。重婚罪在客观方面有两种情况：一种是有合法的配偶仍与他人重婚；另一种是虽然自己没有配偶但是在明知道对方有配偶的情况下仍与之结婚。重婚罪是在存在合法婚姻关系的基础上构成的。

（二）什么是合法婚姻？

所谓的合法婚姻是指经过合法的婚姻登记而建立的夫妻关系，登记时双方完全符合法定结婚条件。如果与他人的婚姻并不完全符合法定的结婚条件，则属于无效婚姻，不能认定为其是有配偶的。因此，其之后与他人重婚或与他人结婚，也不能认定为重婚罪。同时，无效婚姻和事实婚姻都不受法律保护。

重婚罪的主体无论男女，只要是有配偶而与他人重婚的或明知他人有配偶而与之结婚的，都可以成为重婚罪的主体。具体来说，有配偶而重婚者是指行为人自己已经有配偶，而又与他人重婚，行为人在主观上对与他人重新结婚有认识并且积极追求，是标准的重婚人。明知他人有配偶而与之结婚者是指行为人没有配偶但是明知对方已经有配偶，仍然与之结婚的，但如果行为人被对方蒙蔽或者因特殊原因无法得知对方有配偶的，因缺乏犯罪故意从而不构成重婚罪。

重婚罪的主观方面要求故意，即明知自己有配偶而又重婚，或者明知他人有配偶而与之结婚。如果没有重婚的故意，比如丈夫或妻子外出且下落不明，后妻子或丈夫又与他人建立家庭的，不应以重婚罪定罪处罚。但如果恶意申请宣告配偶死亡后而与他人结婚的，仍构成重婚罪。

例如：张某（女）从2012年至2016年一直收取丈夫的汇款，却故意隐瞒丈夫汇款的事实，编造其丈夫于2012年起下落不明满4年的虚假事实和理由，恶意申请致丈夫被宣告死亡，后又与王某结婚。张某恶意申请丈夫被宣告死亡的行为属于严重违法行为，且是无效的民事行为。因此，导致二人婚姻关系消灭的法律关系也自始无效。张某与其丈夫的婚姻关系实质上并未消灭，张某与王某再结婚的行为构成重婚罪。

一般来说有以下几种情况可以认定为重婚：（1）甲与乙登记结婚，后又与丙登记结婚的；（2）甲与乙登记结婚，后甲虽与丙未登记结婚，但是甲丙二人一直以夫妻关系共同生活；（3）甲与乙未登记结婚，甲与丙亦未登记结婚，但甲先后或同时与乙、丙以夫妻关系共同生活；（4）甲与乙未登记结婚，但是甲乙明确以夫妻关系共同生活，后甲又与丙登记结婚；（5）乙没有配偶，但是明知甲有配偶，仍与甲登记结婚或者以夫妻关系同居的。

如何判断"以夫妻名义共同生活"，一般来说包括这几种情形：（1）通过明示的方式向社会、周围群众公开表明二人的夫妻身份；（2）同居生活较长时间，一般认为是三个月；（3）双方是否生有子女并共同养育子女。此外，对于婚外同居是否构成重婚罪，要结合案件的证据客观事实，从法律层面对行为性质进行界定，不能简单地将婚姻存续期间的持续性婚外同居关系认定为事实重婚。

所以，没离婚就"二婚"，是构成重婚罪的。对于有婚外情的一方，重婚罪肯定是要判刑的，即使是拘役，也属于刑事处罚。对于明知他人有配偶而与之结婚的，同样触犯刑法。也就是说，对于那些明知对方有配偶仍情愿做第三者的，这一行为也可能触犯刑法，受到刑事处罚。当然，即便不存在重婚罪，作为社会成员中的一员，也应该明白破坏他人婚姻是不道德的行为。我们鼓励每个人勇敢地追求爱情，但是应在法律和道德约束的范围内进行，而非任意妄为。

> **相关法规**
>
> 《刑法》第二百五十八条 有配偶而重婚的，或者明知他人有配偶而与之结婚的，处二年以下有期徒刑或者拘役。

七、故意杀人罪——看到妻子跳河后驾车离开，男子涉嫌故意杀人罪获刑

案情介绍

鲍某（男）和朱某（女）经朋友介绍相识，并于2020年1月结婚。婚后，朱某曾打电话向家人以及好友抱怨，说自己嫁错了人，鲍某经常用自己的钱还赌债，两人的日子过不下去了。

8月某日晚，鲍某和朱某一起参加完朋友的生日宴会，待宴会散场之后，二人准备回家。由于鲍某在宴会上喝了酒，因此由朱某驾驶车辆。在回家的路上，朱某跟鲍某谈到一起参加生日宴会的朋友张某，羡慕张某嫁给了一个好男人。喝了酒的鲍某听到朱某的话后很不愉快，两人说着说着就发生争吵，甚至扭打起来。朱某情绪激动之下，直接下车朝着某桥边走去。

见朱某因生气离开，鲍某的酒也醒了大半，之后便驾车沿桥寻找朱某。待找到朱某后，鲍某便劝说朱某跟自己回家，但气头上的朱某拒绝与其交流，拒绝跟其回家，并冲着鲍某大喊大叫，气急败坏之下的鲍某选择自己离开。

在回家的路上，鲍某逐渐冷静下来，便有些担心朱某，于是决定掉头回去找朱某。当鲍某找到朱某的时候，朱某正站在桥边。此时的朱某已心灰意

冷,待看到来找自己的丈夫鲍某后,翻过栏杆跳进了河里。

看到朱某跳河后,鲍某吓坏了,想要跑过去救人,但又在心里想,她是自己跳河的又不是我推的,这大半夜的,救也不一定能救活。于是,鲍某在案发地逗留了几分钟后,没有对朱某采取任何救助措施,便离开了。

两天后,路人发现了已经漂到下游一带的朱某的尸体,路人随后报警。

法律分析

本案中,因鲍某对朱某的辱骂与殴打,引发了她的自杀行为;在朱某跳河后,生命处于紧迫的危险状态时,而目睹整个过程的鲍某,作为其丈夫,具有《婚姻法》规定的救助义务和救助责任,但鲍某却未积极采取有效措施对其进行救助,反而消极逃避,放任朱某死亡结果的发生,其行为构成不作为犯的故意杀人罪。

(一)什么是故意杀人罪?

故意杀人罪是指故意非法剥夺他人生命的犯罪。故意杀人罪的犯罪构成要件包括四个方面,分别是:(1)犯罪客体是他人的生命权利;(2)犯罪主体是一般主体,指的是年满12周岁具有刑事责任能力的自然人;(3)犯罪主观方面为故意,包括直接故意①和间接故意②;(4)犯罪客观方面表现为行为人实施

---

① 直接故意,是指行为人明知自己的行为会发生危害社会的结果,并且希望这种结果发生的心理状态。

② 间接故意,是指明知自己的行为可能发生危害社会的结果,并且放任这种结果发生的心理状态。所谓放任,是指行为人对于危害结果的发生,虽没有积极地追求,但也没有有效地阻止,既无所谓希望,也无所谓反对,而是放任自流,听之任之,任凭它发生,对结果的发生在行为上持一种消极的态度,但在心理上是肯定的,不与其意志冲突。

了非法剥夺他人生命的行为。

那么，如何区分直接故意和间接故意？

比如：甲男为了杀害其妻子乙女，在饭锅里投毒，他知道妻子乙中午必然是要回家吃午饭的，他们的儿子小甲有的时候在学校吃午饭，但有的时候也会回家吃午饭。结果在甲投毒的当天中午，妻子乙和儿子小甲都回家吃饭，均被毒死。

在本案中，甲男对于妻子乙的死亡属于直接故意，明知自己投毒行为会导致妻子死亡结果的发生，甲主观上积极追求这种结果的发生；而甲对于其儿子小甲的死亡属于间接故意，明知自己的投毒行为可能会导致儿子死亡结果的发生，甲主观上虽没有积极追求这种结果的发生，但却放任这种结果的发生，因此是间接故意。无论是直接故意，还是间接故意，都构成故意杀人罪。

故意杀人罪是典型的结果犯，必须发生死亡结果，才能成立犯罪既遂。如果在故意杀人案件中，没有死亡结果，行为人无论如何也不能成立故意杀人罪的既遂。

（二）什么是不作为犯？

犯罪行为有作为和不作为之分，作为是指行为人以积极的身体活动实施违反禁止性规范的危害行为，通过这种危害行为给《刑法》保护的合法权益造成损害。简言之，《刑法》规定不能做什么，但你却这样做了。

典型的作为犯如故意杀人罪、强奸罪、放火罪，其本质在于违反了《刑法》的禁止性规定，即不得杀人、不得强奸、不得放火。《刑法》中大多数犯罪都是由作为实施的。

不作为是指行为人负有实施某种行为的特定法律义务，且能够履行而不履行的社会行为。简言之，《刑法》叫你做但你偏不做，典型的不作为犯，如逃税罪。行为人通过签订阴阳合同的方式达到逃税的目的，即不履行纳税义务，成立逃税罪。

不作为犯罪在现实生活中经常发生，在判断是否构成不作为犯罪一个关键的因素就在于判断行为人是否具有特定的法定义务。如果没有特定的法定义务，即使不履行义务，也只是受道德谴责，而不可能构成犯罪。只有不履行法定义务的情况，才能作为犯罪来处理。

(三)不作为的法定义务来源有哪些方面呢？

具体来说包括以下几个方面：(1)法律明文规定的义务。例如：丈夫对妻子的救助义务，丈夫发现妻子处于危险境地时，有救助的义务。(2)特定的职务、业务要求的义务。例如：消防队员对于火灾有扑灭的义务、医生有救死扶伤治病的义务、警察有制止犯罪行为的义务。(3)法律行为引起的义务。当事人之间本来没有义务，但是基于合同而创设了义务，例如：家政保姆基于雇佣合同，则对其照看的小孩有救助的义务。(4)先行行为引起的义务，是指由于行为人先行的行为使《刑法》所保护的社会关系处于危险状态时，行为人负有采取有效措施排除危险或者防止危害结果发生的特定义务。例如：轿车司机开车不小心把人撞倒、撞伤，这时候司机就有抢救伤者的义务。如果不履行这种义务而造成一定后果，可能构成《刑法》中的犯罪。

所以在上述鲍某妻子跳河事件中，鲍某具有法定的救助义务，但其未履行，反而放任其妻子死亡结果的发生，因此其行为构成不作为犯的故意杀人罪。

生命只有一次，敬畏生命，爱惜生命！切勿因一时冲动毁了自己，也切勿因不懂法而犯罪。

相关法规

《刑法》第二百三十二条 故意杀人的，处死刑、无期徒刑或者十年以上有期徒刑；情节较轻的，处三年以上十年以下有期徒刑。

八、故意伤害罪——夫妻互相拉扯，造成一方受伤，是否构成故意伤害罪

案情介绍

张某和王某为夫妻关系，二人共同经营着一家门市。2019年5月18日，张某与王某因为进货问题发生争吵，甚至拉扯在一起，后来被张某父亲劝开。

5月19日，张某与王某谈离婚的问题，张某拒绝签离婚协议，双方再次发生争执，王某欲离开门市。为阻止王某离开，张某在明知自己的行为可能会对王某造成伤害的情况下，仍从其背后抓住王某的双手用力向后拉拽，致王某因面部着地受伤，致门牙脱落，左前臂骨折。

经鉴定，王某左前臂轻伤一级，牙齿损伤程度为轻伤二级。

法律分析

在本案中，被告人张某故意伤害他人身体，致被害人左前臂轻伤一级、牙齿损伤轻伤二级，其行为已构成故意伤害罪。

张某和王某在发生争执的过程中，张某因拉拽王某导致王某受伤，主观上具有伤害故意，客观上导致被害人王某受伤。因此，张某的行为符合故意

伤害罪的构成要件，应以故意伤害罪追究其刑事责任。

那么，什么是故意伤害罪呢？

故意伤害罪是指故意非法损害他人身体健康的行为，与我们前文提到的故意杀人罪不同，故意伤害罪损害的是他人的健康而非生命。主要特征是：（1）犯罪客体是他人的身体健康权。（2）犯罪客观方面表现为行为人实施了非法损害他人身体健康的行为。行为对象是他人的身体，伤害自己的身体不成立故意伤害罪，如自伤、自残通常不构成故意伤害罪。但是也存在例外，比如现役军人在战时自伤身体逃避军事义务的，构成战时自伤罪[①]。行为内容是伤害他人身体，伤害他人的身体健康主要指损害他人人体组织的完整或者破坏人体器官的正常功能。伤害行为的手段是多种多样的，但不论使用何种手段，只要是伤害他人身体的，均属伤害行为。

故意伤害罪造成的伤害结果不同，其量刑也有所不同：对于造成轻伤以上结果的，处三年以下有期徒刑、拘役或者管制；致人重伤的，处三年以上十年以下有期徒刑；致人死亡或者以特别残忍手段致人重伤造成严重残疾的，处十年以上有期徒刑、无期徒刑或者死刑。

日常生活中，人与人之间偶尔会因琐事争吵，甚至大打出手，那么对于甲殴打乙的行为，究竟构成普通的民事侵权行为还是构成故意伤害罪呢？罪与非罪的界限是什么？其实，故意伤害罪罪与非罪的界限在于是否构成轻伤。造成被害人轻伤以下未触犯刑法，不构成故意伤害罪；而只要造成被害人轻伤就成立犯罪既遂，如果造成被害人重伤、死亡的则要加重处罚。但犯罪分子即使不受刑事处罚，根据《中华人民共和国治安管理处罚法》第四十三条的规

[①]《刑法》第四百三十四条　战时自伤身体，逃避军事义务的，处三年以下有期徒刑；情节严重的，处三年以上七年以下有期徒刑。

067

定,殴打他人的,或者故意伤害他人身体的,处五日以上十日以下拘留,并处二百元以上五百元以下罚款;情节较轻的,处五日以下拘留或者五百元以下罚款。

我们在生活中,无论遇到任何问题或矛盾,都应当加强沟通、相互体谅,积极采取温和、理智的方式来解决问题。切勿采用暴力、蛮力等方式解决问题。

相关法规

《刑法》第二百三十四条 故意伤害他人身体的,处三年以下有期徒刑、拘役或者管制。

犯前款罪,致人重伤的,处三年以上十年以下有期徒刑;致人死亡或者以特别残忍手段致人重伤造成严重残疾的,处十年以上有期徒刑、无期徒刑或者死刑。本法另有规定的,依照规定。

九、遗弃罪——夫妻间不履行扶养义务,可能构成遗弃罪

案情介绍

黄某(女)与曾某(男,时年80岁)为夫妻关系,曾某因年老患病、生活无法自理被黄某弃置于某山坳处。

弃置行为发生后的次日凌晨,路过该处的群众听到曾某的微弱呼救后赶忙报警,并将其送往医院进行抢救。但曾某最终因肺栓塞致呼吸循环衰竭,于几日后死亡。在此期间,曾某的妻子黄某从未到医院探视,也从未过问曾

某的情况。

法律分析

在本案中，黄某和曾某因夫妻关系而对彼此负有相互扶养的义务。但应该承担扶养义务的黄某将年老患病且生活不能自理的丈夫曾某遗弃，情节恶劣，其行为已构成遗弃罪。

（一）什么是遗弃罪？

遗弃罪是指对于年老、年幼、患病或者没有其他独立生活能力的人，负有扶养义务而拒绝扶养，情节恶劣的行为。本罪的构成特征是：（1）犯罪客体是被害人受扶养的权利及生命权、健康权。本罪不仅会侵害到被害人受扶养的权利，同时这种遗弃行为可能会导致没有独立生活能力的人处于不受保护的状态，被害人的生命权和健康权都面临威胁。（2）犯罪主体是对于年老、年幼、患病或其他没有独立生活能力的人负有扶养义务的人。比如父母对子女的抚养、夫妻之间的相互扶养、子女对父母的赡养，等等。除此之外，还需注意的是：扶养义务不限于基于亲属关系产生的扶养义务，还包括基于职业、业务所产生的扶养义务以及基于法律行为与先前行为产生的扶养义务。比如：儿童福利院、养老院、精神病院对其收养的孤儿、老人、精神病人亦具有扶养义务，保姆基于委托合同对其所照顾的婴儿也有扶养义务。（3）犯罪主观方面是故意。（4）犯罪客观方面表现为对年老、年幼、患病或其他没有独立生活能力的人，负有扶养义务而拒绝扶养，情节恶劣的行为。

（二）在哪种情况下构成遗弃罪？

不履行扶养义务，情节恶劣，通常成立遗弃罪，但如果不履行扶养义务的行为致人死亡，其危害程度与杀害他人程度相当，就应认定行为人构成故意杀人罪。

例如：甲女与乙男二人从农村来到县城里打工，很快二人同居一年后产下一子小乙。之后，由于经济压力大，乙男一走了之，音信全无。

甲女在遭到抛弃后，生活更加困难，一气之下把几个月大的小乙锁在出租屋内，没有将孩子托付给任何人，也一走了之。几天后，小乙被活活饿死在家中。

在该案中，甲女将没有任何自救能力的婴儿锁在出租屋内，被抛弃的小乙的生命受到极为紧迫的危险。甲女在明知小乙生命受到紧迫危险的情况下，仍然将其抛弃，造成小乙死亡，自然应认定其构成故意杀人罪。

因此，如果只是为了逃避扶养义务，将生活不能自理的被害人弃置在人较多的场所，行为人主观上并不希望或放任被害人死亡，而是希望被害人能够得到救助的，一般以遗弃罪定罪处罚。而对于希望或者放任被害人死亡，不履行扶养义务，致使被害人因无人照料而死亡，或者将生活不能自理的被害人弃至人迹罕至的场所，致使被害人难以得到他人救助而死亡，应以故意杀人罪定罪处罚。

相关法规

《刑法》第二百六十一条 对于年老、年幼、患病或者其他没有独立生活能力的人，负有扶养义务而拒绝扶养，情节恶劣的，处五年以下有期徒刑、拘役或者管制。

十、抢劫罪——你以为的盗窃罪，一不小心就成了抢劫罪

案情介绍

刘某（女）好赌，一日打牌输完钱回到家中后，产生了盗窃其婆婆王某金手镯的念头。

次日，刘某趁其婆婆王某熟睡之际，进入卧室盗窃其婆婆戴在手上的金手镯。王某惊醒，随即二人发生扭打，王某大声呼喊求救。刘某害怕王某的呼救引来其他人，被人发现，情急之下，用枕头捂住王某的嘴巴，致其窒息死亡。

随后，刘某将王某的金手镯取下，并伪造王某自杀假象，抛尸山林中。

法律分析

在本案中，刘某是在盗窃过程中被发现，但为了抗拒抓捕、毁灭罪证当场使用暴力将王某杀害，其行为构成抢劫致人死亡，应认定为抢劫罪。

刘某实施的是盗窃行为与杀人行为，那么为什么最终认定为抢劫罪呢？什么是抢劫罪？

抢劫罪是指以非法占有为目的，当场使用暴力、胁迫或者其他方法，强行劫取财物的行为。本罪的构成特征是：（1）犯罪客体是他人的财产权和人身权。（2）犯罪主体是年满14周岁具有刑事责任能力的自然人。在我国，年满16周岁的人犯罪的，应当承担刑事责任，但是根据《刑法》第十七条第二款的

规定，针对八种行为，刑事责任年龄的起点是14周岁。[①]（3）犯罪主观方面是故意，并且要求行为人以非法占有为目的。行为人如果主观上并不是以非法占有为目的，不构成抢劫罪。例如：王某和张某二人签订一份木材买卖合同，王某按照合同约定交付木材，但是张某却违约，迟迟不肯付货款，王某遂带人到张某库房，强行取回了自己之前交付的木材，并不再向张某提出付款要求。在本案中，王某主观上显然不具有非法占有他人财物的故意，所以不构成抢劫罪。（4）犯罪客观方面表现为行为人以暴力、胁迫或者以其他方法强行劫取财物的行为。例如：将被害人打晕、拿刀胁迫被害人、用酒把被害人灌醉、用药物麻醉被害人等方式。

犯抢劫罪的处三年以上十年以下有期徒刑，如果有下列八种情形之一的，法定刑升格判处十年以上有期徒刑、无期徒刑或死刑。

1.入户抢劫的

在这里需要明确"户"的范围。所谓的"户"是指供他人家庭生活与外界相对隔离的场所。例如：封闭的院落、渔民作为家庭生活所用渔船等都可以认定为户，但是像宿舍、宾馆、临时搭建的工棚等就不认定为户。

2.在公共交通工具上抢劫的

在公共交通工具上抢劫主要是指在从事旅客运输的各种公共汽车、大中型出租车、火车、船只、飞机等正在运营中的机动公共交通工具上对旅客、司售、乘务人员实施的抢劫。在未运营的大、中型公共交通工具上针对司售、乘务人员抢劫的，或者在小型出租车上抢劫的，均不属于此种加重情节。

3.抢劫银行或者其他金融机构的

[①]《刑法》第十七条 第二款 已满十四周岁不满十六周岁的人，犯故意杀人、故意伤害致人重伤或者死亡、强奸、抢劫、贩卖毒品、放火、爆炸、投放危险物质罪的，应当负刑事责任。

此处抢劫银行或者金融机构是指抢劫银行或者其他金融机构的经营资金、有价证券和客户的资金等。抢劫银行的办公用品，如沙发、电脑、桌椅等构成抢劫罪但不属于加重处罚的情节。

还有一种特殊情况就是抢劫运钞车，抢劫正在使用中的银行或者其他金融机构的运钞车的，视为抢劫银行或者其他金融机构，也要加重处罚。

4.多次抢劫或者抢劫数额巨大的

抢劫数额巨大的标准为3万元到10万元以上，由于中国地域辽阔，各地经济发展水平各有差异，所以各省会根据本地区经济发展情况，以及本地区社会治安状况确定本地区执行的具体数额。

多次抢劫是指抢劫3次以上，但如果行为人基于一个犯意①实施犯罪的，比如甲在某餐厅同时对在场的多人实施抢劫的；或基于同一犯意在同一地点实施连续犯罪，比如乙在某路口对途经此地的多名路人进行抢劫。一般都认定为一次犯罪。

5.抢劫致人重伤、死亡的

抢劫致人死亡包括三种情形：（1）抢劫的过程中过失致人死亡的。如甲在劫取财物的过程中，失手将王某一刀捅死。（2）行为人为了劫取财物而预谋杀人。如乙为了劫取张某的财物，埋伏在张某周边，等到张某靠近时，一刀毙命，在张某死后取财。（3）在劫取财物过程中，为了阻止被害人反抗而故意将其杀死。如丙在劫取赵某财物的过程中，赵某极力反抗，丙为了制伏赵某的反抗将赵某杀死。这三种情形都属于行为人为了取财而杀人，均应认定为抢劫罪，加重处罚。

---

① 犯意，是指实施犯罪行为的意图。

6.冒充军警人员抢劫的

冒充军警人员抢劫是指采取足以使人误以为行为人是军警人员的方式实施抢劫财物。比如：身穿警服或者使用警用标志、标识等使人误以为行为人是军警人员。

7.持枪抢劫的

持枪抢劫是指行为人使用枪支或者向被害人显示持有、佩带枪支进行抢劫的行为。此处的枪必须是真枪，假枪虽对被害人起到精神强制作用，但事实上不能损害他人的生命或者健康，没有现实危险。

8.抢劫军用物资或者抢险、救灾、救济物资的

此处行为人主观上要求必须是明知所抢物资是军用物资或者抢险、救灾、救济物资。如果行为人抢劫时并不知道，抢劫成功后回到家中发现是军用物资，在这种情况下，只能算是普通抢劫罪。因为构成犯罪要求主客观相统一，不仅要求客观上抢劫的物资是军用物资等，还要求行为人在主观上明知是军用物资而抢劫，否则会违反主客观相一致的定罪原则。

关于抢劫罪还需要了解"转化型抢劫"的认定问题，犯盗窃、诈骗、抢夺罪，为窝藏赃物、抗拒抓捕或者毁灭罪证而当场使用暴力或者以暴力相威胁的，以抢劫罪定罪处罚。其成立必须满足三个条件：一是仅限于犯盗窃、诈骗、抢夺罪此三种罪；二是主观上必须是为了窝藏赃物、抗拒抓捕、毁灭罪证；三是行为人当场使用暴力或者以暴力相威胁。

只有同时满足以上三个条件，行为人的盗窃、诈骗、抢夺等行为才能以抢劫罪定罪处罚。

在本案中，好赌的刘某盗窃其婆婆金镯子的行为构成盗窃罪，但其后为了抗拒抓捕而毁灭罪证，对其婆婆使用暴力，由于其暴力行为造成其婆婆死

亡，且在抢劫过程中，为了制伏被害人反抗而故意杀人，其行为构成抢劫罪，加重处罚。

相关法规

《刑法》第二百六十三条　以暴力、胁迫或者其他方法抢劫公私财物的，处三年以上十年以下有期徒刑，并处罚金；有下列情形之一的，处十年以上有期徒刑、无期徒刑或者死刑，并处罚金或者没收财产：

（1）入户抢劫的；

（2）在公共交通工具上抢劫的；

（3）抢劫银行或者其他金融机构的；

（4）多次抢劫或者抢劫数额巨大的；

（5）抢劫致人重伤、死亡的；

（6）冒充军警人员抢劫的；

（7）持枪抢劫的；

（8）抢劫军用物资或者抢险、救灾、救济物资的。

《刑法》第二百六十九条　犯盗窃、诈骗、抢夺罪，为窝藏赃物、抗拒抓捕或者毁灭罪证而当场使用暴力或者以暴力相威胁的，依照本法第二百六十三条的规定定罪处罚。

十一、盗窃罪——林业果树研究所里的水果很好吃，可以随便摘吗

案情介绍

2003年北京某区发生一起天价葡萄案，几个农民工商量去哪里找些水果吃，其中一人说林业果树研究所内种的水果好吃，可以去那里摘。于是，几人翻墙进入林业果树研究所，看到果园里葡萄长得非常好，几人便在葡萄架下大吃一通。

临走时，几人还商量着不如带些回去，毕竟走这么远只吃一次不划算。于是，几人在离开时又摘了40多斤的葡萄。

令他们意想不到的是，他们的行为毁坏了林业果树研究所投资40万元、历时10年培育研制的科研新品种，由于他们的偷吃和偷摘行为造成了整个研究链条断裂，损失无法估量。

法律分析

在本案中，即使按照葡萄的最高市价，也达不到盗窃罪的数额要求，是不构成犯罪的。但是，本案中的农民工所盗窃的是具有科研性质的葡萄，涉案的损失是无法估量的。

最终，检察院对几人作出了不起诉决定，公安机关对几人作出了治安管理处罚。其原因在于：在一般的情况下，盗窃罪对于数额、情节等罪量要素，主观上不要求是明知的，但是如果财物的数额远远超出一般人的想象，在这种情况下，我们可以认为是缺乏盗窃罪的犯罪故意，因此认定几个人不构成

盗窃罪。

那么，什么是盗窃罪？

盗窃罪是指以非法占有为目的，窃取他人占有的数额较大的财物，或者多次盗窃、入户盗窃、携带凶器盗窃、扒窃的行为。行为人的主观上对于财物是以非法占有为目的的，如果行为人不具有非法占有的目的，即使客观上拿取了他人的财物，也不构成盗窃罪。

例如：小王和小赵分别有台一模一样的摩托车，某天小王到小赵家玩耍，将摩托车停放在小赵家楼下，钥匙在车上没有取下来，正好小赵的弟弟到小赵家借摩托车，看见摩托车在院内未上锁就直接开走了。此时，小赵的弟弟主观上对于该摩托车没有非法占有的目的，即使开走了摩托车，也不构成盗窃罪。

盗窃罪的客观方面表现为行为人实施了窃取公私财物数额较大，或者多次盗窃、入户盗窃、携带凶器盗窃、扒窃的行为。其中，窃取公私财物数额较大的标准指的是1000元~3000元，各地因为经济发展情况及社会治安状况不同，所执行的具体数额标准也有所不同。

例如：北京数额较大的标准是2000元；多次盗窃是指2年内盗窃3次以上，即行为人在2年内盗窃3次以上并且单次盗窃或多次盗窃数额均没有达到2000元，此时我们则依据多次盗窃对行为人定罪处罚。

如果单次盗窃或者累计多次盗窃数额达到数额较大标准的，我们就依据窃取数额较大对行为人定罪处罚。比如：小王盗窃3次，每次盗窃财物1000多元，3次盗窃累计数额3000多元，此时小王盗窃财物的金额已经达到数额较大标准，应当按照窃取公私财物数额较大对小王定罪处罚。入户盗窃是指非法进入他人家庭生活与外界相对隔离的住所盗窃。携带凶器盗窃是指携带枪支、爆炸物、管制刀具等国家禁止个人携带的器械盗窃，或者为了实施违法犯罪行为携带其他足以危害他人人身安全的器械盗窃的，例如：携带别针或者小扳手不足以危害他人人身安全的这种小器具，就不宜认定为携带凶器盗窃。扒窃是指在公共场所或者公共交通工具上盗窃他人随身携带的财物，如装在口袋里的手机、钱包或者手提包内的物品。

盗窃罪的量刑标准是按照数额进行划分的：盗窃公私财物数额较大的，或者多次盗窃、入户盗窃、携带凶器盗窃、扒窃的，处三年以下有期徒刑、拘役或者管制，此处数额较大指的是1000元~3000元以上；数额巨大或者有其他严重情节的，处三年以上十年以下有期徒刑，此处数额巨大指的是3万元~10万元以上；数额特别巨大或者有其他特别严重情节的，处十年以上有期徒刑或者无期徒刑，此处数额特别巨大指的是30万元~50万元以上。

相关法规

《刑法》第二百六十四条　盗窃公私财物，数额较大的，或者多次盗窃、入户盗窃，携带凶器盗窃、扒窃的，处三年以下有期徒刑、拘役或者管制，并处或者单处罚金；数额巨大或者有其他严重情节的，处三年以上十年以下有期徒刑，并处罚金；数额特别巨大或者有其他特别严重情节的，处十年以上有期徒刑或者无期徒刑，并处罚金或者没收财产。

十二、诈骗罪——以欺骗的形式借钱不还，是否构成诈骗罪

案情介绍

曲某没有稳定工作，一直靠四处打工维持生活来源，还经常赌博，欠下巨额外债。

2015年3月，曲某在网上与孟某结识，两人一见如故。

2016年3月至2016年6月，曲某对孟某虚构说，自己在辽宁做工程，需要一些资金，便以高额利息作为幌子，数次向孟某提出借款的要求。孟某轻信了曲某的话，先后借给曲某共80.9万元。

在此期间，曲某归还孟某3.5万元，其余的77.4万元的借款全部用于赌博和偿还债务。

法律分析

在本案中，曲某以非法占有为目的，在其没有稳定收入来源的情况下，隐瞒其无力偿还债务的真实经济状况，虚构自己在辽宁做工程需要资金的事实，以高额利息为幌子，骗取孟某的财物。虽然曲某与孟某名义上是借贷关系，但实际上曲某以借款的名义骗取他人巨额财物，已经构成诈骗罪。

那么，什么是诈骗罪？借款式诈骗罪与民间借贷之间有什么区别呢？

诈骗罪是指以非法占有为目的，用虚构事实或者隐瞒真相的方法，骗取数额较大的财物的行为。诈骗罪的主观方面是故意，并且以非法占有为目的。是否以非法占有为目的，是我们区分借款式诈骗罪和民事纠纷的核心。举两个简单的例子：例一，甲向乙借3万元，甲对乙说我要搞一个小投资，3个月

翻一倍，你借给我3万元，3个月以后我还你4万元。乙将钱借给甲，结果甲根本没有将钱做投资，而是拿去赌博挥霍。在这种情况下，甲在主观上是有非法占有他人钱财的目的的，构成诈骗罪。例二，甲向乙借3万元，甲对乙说我要搞一个小投资，3个月翻一倍，你借给我3万元，3个月以后我还你4万元，乙将钱借给甲。甲确实拿钱去投资了，但是赔了，3个月到期后还不上钱，在这种情况下，虽然客观上无法还钱，但借钱的时候甲在主观上并没有非法占有财物的目的，按照主客观相一致的原则，不能认定甲构成诈骗罪。

所以，借款式诈骗罪与民间借贷之间的区别就在于：(1)行为人的主观意图不同。借款式诈骗中行为人主观上具有非法占有的目的，借钱的时候具有不归还的意图，实际上是以借钱的名义骗取他人的钱财；民间借贷中借款人在借贷的时候具有归还的意图，可能因为客观原因造成借款不能及时归还产生逾期。(2)行为人采取方式不同。借款式诈骗中行为人通常会采用虚构事实和隐瞒真相的手段，导致被害人产生错误的认识，如虚构做工程、搞投资等；民间借贷中借款人往往是如实告知其借款用途。(3)行为人对借款态度不同。借款式诈骗中行为人在骗取财物后，在使用时毫无顾虑和节制，因为其不会考虑归还财物，比如赌博、个人挥霍；在民间借贷中，借款人本身具有归还借款的态度，或者将借款用于可产生合法收益的途径，以保障归还借款。

诈骗罪客观方面表现为行为人使用虚构事实或隐瞒真相的方法，骗取数额较大[①]的公私财物的行为。诈骗罪中的逻辑链条如：行为人虚构事实或隐瞒真相即行为人实施欺诈行为，被害人因此产生了误解即陷入了认识错误，被

[①] 成立诈骗罪还需要满足诈骗数额较大，数额较大指的是3000元~10000元以上。

害人基于此种认识错误交付财物，行为人得到了该财物，被害人失去了该财物。

这是一个完整的逻辑闭环，只要其中任何一个环节断裂，行为人都不能构成诈骗罪既遂。例如：甲为了赌博谎称自己要投资开奶茶店，骗乙说一起投资5万元，乙当场就识破了甲的谎言，但是乙念在甲曾经是自己的救命恩人，不忍心戳穿，假装信以为真，给了甲5万元。在该案中，虽然甲有欺骗的行为，被害人乙也交付了5万元，且甲得到了5万元，乙失去了5万元，但是乙交付5万元不是因为误解交付，所以甲的行为只能认定为诈骗罪的未遂。

相关法规

《刑法》第二百六十六条　诈骗公私财物，数额较大的，处三年以下有期徒刑、拘役或者管制，并处或者单处罚金；数额巨大或者有其他严重情节的，处三年以上十年以下有期徒刑，并处罚金；数额特别巨大或者有其他特别严重情节的，处十年以上有期徒刑或者无期徒刑，并处罚金或者没收财产。本法另有规定的，依照规定。

十三、寻衅滋事罪——伙同他人持凶器殴打他人、毁坏他人财物

案情介绍

2019年6月某日晚，赵某、张某和董某因生活琐事在某奶茶店与他人打架，被该奶茶店店主孙某夫妇的制止后，赵某、张某和董某三人离开现场。

十多分钟后，赵某等人手持砍刀、铁水管通条返回奶茶店，对奶茶店价值2500元的冰柜、封杯机、桌子等物品进行打砸。孙某夫妇立即报警，见此，赵某三人扬言第二天晚上还会再来，让其等着，之后便逃离现场。

次日晚上，赵某又纠集张某、董某以及赵某两个堂弟五人，再次来到奶茶店。赵某、张某、董某三人再次对奶茶店的桌子、封杯机、茶水桶等进行打砸，造成600元左右的损失，赵某两个堂弟则在附近接应。

赵某、张某和董某的打砸行为遭到孙某夫妇及其朋友的制止，三人便用手中的铁管子攻击孙某夫妇及其朋友，造成孙某左耳、胳膊等处受伤。经鉴定，孙某为轻伤二级。

法律分析

本案中赵某伙同他人持凶器随意殴打他人、毁坏他人财物的行为，构成寻衅滋事罪。

那么，什么是寻衅滋事罪？

寻衅滋事罪是指寻衅滋事、破坏社会秩序的行为。寻衅滋事罪的动机可以是多种多样的，有的是通过惹是生非获得精神刺激，发泄情绪；有的是肆意

滋事、开心取乐；有的是起哄闹事来逞强耍横；等等。

通常行为人实施了以下行为，一般可以认定为寻衅滋事：随意殴打他人，情恶劣的；追逐、拦截、辱骂、恐吓他人，情节恶劣的；强拿硬要或者任意损毁、占用公私财物，情节严重的；在公共场所起哄闹事，造成公共场所秩序严重混乱的。

在网络时代，我们更需要谨言慎行，有时候一个不以为意的行为，经过网络传播，可能构成寻衅滋事罪。如街头涂鸦，在建筑物的墙壁、电箱以及街道宣传栏等处用喷漆涂鸦，即使被某些人看作艺术，但是这种行为会被看作乱涂乱画，影响市容的行为，极容易构成寻衅滋事罪。再如，在某网络平台发布恶意歪曲事实真相、诋毁贬损卫国戍边英雄的违法言论，造成极其恶劣的社会影响的；编造虚假信息，或者明知是编造的虚假信息，仍在信息网络上散布的；或者组织、指使人员在信息网络上散布虚假信息，起哄闹事，造成公共秩序严重混乱的，均构成寻衅滋事罪。所以我们一定要做懂法守法的好公民！

相关法规

《刑法》第二百九十三条　有下列寻衅滋事行为之一，破坏社会秩序的，处五年以下有期徒刑、拘役或者管制：

（一）随意殴打他人，情节恶劣的；

（二）追逐、拦截、辱骂、恐吓他人，情节恶劣的；

（三）强拿硬要或者任意损毁、占用公私财物，情节严重的；

（四）在公共场所起哄闹事，造成公共场所秩序严重混乱的。

纠集他人多次实施前款行为，严重破坏社会秩序的，处五年以上十年以下有期徒刑，可以并处罚金。

十四、行贿罪——为了得到支持和帮助，给予国家工作人员财物

案情介绍

蔡某为某有限公司法定代表人兼董事长，在其担任某矿场副矿长的时候，与该市市长孙某熟悉后，向其表示自己担任副矿长很多年了，希望孙某有机会帮助其进步，孙某说以后有机会会考虑的。

2008年3月的某一天，蔡某被任命为矿长后，开车去找孙某并给孙某打电话，在电话里告知其，自己准备过去看望他。孙某在电话里告诉蔡某让其在市政府斜对面的某大酒店门口等他，蔡某在某大酒店门口等了他有十几分钟，孙某就过来了。

蔡某向孙某表示了感谢，感谢其对他的帮助和关怀，孙某也客气回了几句。这时，蔡某把手中提着的装有30万元人民币现金的一个红色塑料袋递给孙某，然后两人就离开了。

法律分析

在本案中，蔡某为谋取不正当利益，向国家工作人员孙某行贿，其行为侵犯了国家机关的正常工作秩序和廉政建设制度，情节严重，构成行贿罪。

那么，什么是行贿罪？

行贿罪是指为谋取不正当利益，给予国家工作人员财物的行为。行贿罪是目的犯[①]，需具有谋取不正当利益的目的。这种谋取不正当利益并不以实际谋取到了不正当利益为必要条件，是否实际获得利益，或者说谋取不正当利益的目的是否实现都不影响行贿罪的成立。此处所说的不正当利益包括两种：不法的利益和不法的帮助。不法的利益是指这种利益是违法的，如甲涉嫌犯罪后，其家人向公安机关行贿，让公安机关放人；不法的帮助是指这种利益本身不违法，但是希望得到违法的帮助，如在工程竞标过程中，行为人乙去竞标，这种竞标行为不违法，但是通过给国家机关工作人员一定的财物，从而获得了不正当的帮助得以中标，那么，我们就可以认为构成获取不正当利益。

根据我国法律的规定，为谋取不正当利益，向国家工作人员行贿，数额在3万元以上，以行贿罪追究刑事责任，如果行贿数额没有达到3万元以上，通常不构成犯罪。如果行为人具有以下六种情况且行贿数额在1万元以上的，亦可以追究其刑事责任。这六种情况分别是：（1）向三人以上行贿的；（2）将违法所得用于行贿的；（3）通过行贿谋取职务提拔、调整的；（4）向负有食品、药品、安全生产、环境保护等监督管理职责的国家工作人员行贿，实施非法活动的；（5）向司法工作人员行贿，影响司法公正的；（6）造成经济损失数额在50万元以上不满100万元的。

如果行为人因被勒索不得已给予国家工作人员以财物，没有获得不正当利益的，不是行贿。比如：本来就应该公事公办，但是对方就是不办，还索要财物，甲迫于无奈只能给予财物。

---

① 目的犯，是指法律规定以行为人主观上具有一定的犯罪目的作为犯罪构成必要要件的犯罪。

在这种情况下，甲只是获得了自己应得的利益，没有获得不正当利益，对于甲的行为不应认定为行贿罪。

行贿人在被追诉前主动交代行贿行为的，可以从轻或者减轻处罚。其中犯罪较轻的，对侦破重大案件起关键作用的，或者有重大立功表现的，可以减轻或者免除处罚。

相关法规

《刑法》第三百八十九条　为谋取不正当利益，给予国家工作人员以财物的，是行贿罪。

在经济往来中，违反国家规定，给予国家工作人员以财物，数额较大的，或者违反国家规定，给予国家工作人员以各种名义的回扣、手续费的，以行贿论处。

因被勒索给予国家工作人员以财物，没有获得不正当利益的，不是行贿。

《刑法》第三百九十条：对犯行贿罪的，处五年以下有期徒刑或者拘役，并处罚金；因行贿谋取不正当利益，情节严重的，或者使国家利益遭受重大损失的，处五年以上十年以下有期徒刑，并处罚金；情节特别严重的，或者使国家利益遭受特别重大损失的，处十年以上有期徒刑或者无期徒刑，并处罚金或者没收财产。

行贿人在被追诉前主动交代行贿行为的，可以从轻或者减轻处罚。其中，犯罪较轻的，对侦破重大案件起关键作用的，或者有重大立功表现的，可以减轻或者免除处罚。

十五、传播淫秽物品罪——在微信群发淫秽视频可不是小事情

案情介绍

张某建立了一个微信群，群内成员共有57人。

2014年11月至2015年1月，在张某担任群主期间，阮某等人共在该群内发布了451个淫秽视频。其中有76个视频由阮某发布，而作为群主的张某，却放任阮某在群内发送淫秽视频，没有加以制止。

之后，张某、阮某先后投案自首，并协助公安机关抓获一名犯罪嫌疑人。

最终，阮某因传播淫秽物品罪，被判处拘役一个月零十五日；张某因传播淫秽物品罪，被判处拘役一个月零十五日。

法律分析

微信群建立的初衷是方便大众交流，且相较于其他平台，微信群具有一定的私密性，但也具有一定"公共空间"的特征。根据司法解释的规定，微信群组成员达到30人以上的，就可以认定为造成的社会危害性较大。所以，在微信群里发布淫秽视频的行为等同于传播淫秽视频，情节严重的，应以传播淫秽物品罪定罪处罚。

同时，群组建立者或管理者允许或放任他人发布淫秽视频的，虽与主要传播者不构成共犯，但应以传播淫秽物品罪定罪处罚。本案中，阮某在57人的微信群中发布76个淫秽视频，张某作为群主，却放任其行为，因此，二人的行为均构成传播淫秽物品罪。

相关法规

《中华人民共和国刑法》第三百六十四条 传播淫秽的书刊、影片、音像、图片或者其他淫秽物品，情节严重的，处二年以下有期徒刑、拘役或者管制。

《最高人民法院、最高人民检察院关于办理利用互联网、移动通讯终端、声讯台制作、复制、出版、贩卖、传播淫秽电子信息刑事案件具体应用法律若干问题的解释（二）》第二条 利用互联网、移动通讯终端传播淫秽电子信息的，依照《最高人民法院、最高人民检察院关于办理利用互联网、移动通讯终端、声讯台制作、复制、出版、贩卖、传播淫秽电子信息刑事案件具体应用法律若干问题的解释》第三条的规定定罪处罚。

利用互联网、移动通讯终端传播内容含有不满十四周岁未成年人的淫秽电子信息，具有下列情形之一的，依照刑法第三百六十四条第一款的规定，以传播淫秽物品罪定罪处罚：

（一）数量达到第一条第二款第（一）项至第（五）项规定标准二倍以上的；

（二）数量分别达到第一条第二款第（一）项至第（五）项两项以上标准的；

（三）造成严重后果的。

第三条 利用互联网建立主要用于传播淫秽电子信息的群组，成员达三十人以上或者造成严重后果的，对建立者、管理者和主要传播者，依照刑法第三百六十四条第一款的规定，以传播淫秽物品罪定罪处罚。

十六、非法狩猎罪——以为抓麻雀是小事，没想到却构成非法狩猎罪

案情介绍

2019年12月，戴某在某村偷一条马犬狗时，被马犬狗的主人及时发现，自此对戴某极其厌恶。

同月，戴某再次路过该村时，被马犬狗的主人看到。看到戴某拿着的"装备"，联系到之前自家马犬狗差点被其偷走，于是好奇地跟了上去，想看看戴某要做什么。便发现戴某走到某处后开始安装涂抹了粘老鼠胶的铁板，然后通过播放声音诱鸟器引诱野生麻雀。等到麻雀停留在铁板上被粘住后，取下铁板进行抓捕。

马犬狗的主人见状喊来附近的几个居民将戴某抓住，并扭送到派出所，公安机关在戴某的摩托车上查获了众多捕鸟工具和120只野生麻雀。戴某被抓后主动交代，自己无聊没事做，就想着去野外抓鸟。戴某以为抓鸟只是件小事儿，没想到却违反了狩猎法规。

法律分析

2000年8月，麻雀入选我国国家林业局组织制定的《国家保护的有益的或者有重要经济价值、科学研究价值的陆生野生动物名录》，属于国家保护的有重要、生态、科学、社会价值的陆生野生动物，并被列入《世界自然保护联盟》（IUCN）2013年濒危物种红色名录。

本案中，根据刑法及相关司法解释规定，戴某违反狩猎法规，使用禁用的工具、方法，即用电子诱捕装置进行狩猎，非法狩猎野生动物120只。其行为属于非法狩猎且情节严重，构成非法狩猎罪。

相关法规

《中华人民共和国野生动物保护法》第八条　国家保护野生动物及其生存环境，禁止任何单位和个人非法猎捕或者破坏。

《中华人民共和国刑法》第三百四十一条第二款　违反狩猎法规，在禁猎区、禁猎期或者使用禁用的工具、方法进行狩猎，破坏野生动物资源，情节严重，处三年以下有期徒刑、拘役、管制或者罚金。

《关于审理破坏野生动物资源刑事案件具体应用若干问题的解释》第六条　违反狩猎法规，在禁猎区、禁猎期或者使用禁用的工具、方法狩猎，具有下列情形之一的，属于非法狩猎"情节严重"：

（1）非法狩猎野生动物二十只以上的；

（2）违反狩猎法规，在禁猎区或者禁猎期使用禁用的工具、方法狩猎的；

（3）具有其他严重情节的。

十七、拐卖妇女罪——花钱"买媳妇",属于违法犯罪行为吗

案情介绍

青山村是一个偏远的山村,生活十分清苦,村中的年轻女孩大多嫁到外面,而男子大多是单身汉。

赖某今年已经四十多了,也是村里单身汉中的一员,一直苦于找不到媳妇,为此经常发愁。后来听别人说可以从人贩子林某那里买个"媳妇"一起过日子,赖某听了心想也不错,于是用自己攒的积蓄,花了5000块从人贩子林某那里买了一个"媳妇",并强行与该女子发生性关系。

那么,本案中的赖某花钱"买媳妇"的这种做法构成犯罪吗?

法律分析

赖某花钱"买"的做法已经构成了犯罪。我国法律明确规定,拐卖妇女的行为是犯罪,收买被拐卖妇女的行为同样是犯罪,也是要追究刑事责任的。

本案中,赖某从人贩子手中收买了一个"媳妇",已经构成了收买被拐卖妇女罪。婚姻是自由的,不是强迫的,更不是可以随意买卖的。赖某剥夺了被拐卖女子的人身自由,亦违背了女子的意志,应当追究赖某的刑事责任。

在这个过程中,赖某强行与被拐卖女子发生性关系,还应当追究其强奸罪的刑事责任,对于赖某应当以强奸罪和收买被拐卖妇女罪施行数罪并罚。

相关法规

《中华人民共和国刑法》第二百四十一条　收买被拐卖的妇女、儿童的，处三年以下有期徒刑、拘役或者管制。

收买被拐卖的妇女，强行与其发生性关系的，依照本法第二百三十六条的规定定罪处罚。

收买被拐卖的妇女、儿童，非法剥夺、限制其人身自由或者有伤害、侮辱等犯罪行为的，依照本法的有关规定定罪处罚。

收买被拐卖的妇女、儿童，并有第二款、第三款规定的犯罪行为的，依照数罪并罚的规定处罚。

收买被拐卖的妇女、儿童又出卖的，依照本法第二百四十条的规定定罪处罚。

收买被拐卖的妇女、儿童，对被买儿童没有虐待行为，不阻碍对其进行解救的，可以从轻处罚；按照被买妇女的意愿，不阻碍其返回原居住地的，可以从轻或者减轻处罚。

《中华人民共和国刑法》第二百三十六条　以暴力、胁迫或者其他手段强奸妇女的，处三年以上十年以下有期徒刑。

奸淫不满十四周岁的幼女的，以强奸论，从重处罚。

第五章
民法篇

什么是民法

民法是指调整平等主体之间的人身关系和财产关系的法律。实质意义上的民法，是指所有调整民事关系的法律规范的总称，包括《中华人民共和国民法典》（以下简称《民法典》）和其他民事法律、法规。除《民法典》之外，我国还有两百多部单行法律，其中大多是民事法律，如《著作权法》《收养法》《公司法》《保险法》等。

2020年5月28日，我国通过了中华人民共和国成立以来的第一部《民法典》。我国《民法典》采取了七编制体例，即由总则、物权、合同、人格权、婚姻家庭、继承、侵权责任七编构成。这种体例上的创新既借鉴了大陆法系国家《民法典》的经验，又回应了当代中国的实践和时代需要。

《民法典》是全面保障公民私权的基本法，作为公民生活的百科全书，将人民生活所形成的法律关系作为调整对象，内容覆盖了社会生活的各个方面。《民法典》直接关系着人民群众的切身利益和社会生活秩序，与每个人的生活息息相关，实现对人"从摇篮到坟墓"各个阶段的保护。

恋爱、婚姻与家庭

一、未成年"网恋"发红包，真的是天上掉馅儿饼吗

案情介绍

珠珠今年16周岁，镇镇今年14周岁，两人分别在A市的第一中学和第二中学读初中。

2019年底，双方通过网络平台认识，感觉十分谈得来，很是投缘，于是二人确定了恋爱关系。之后两人也只是在线上聊天，没有在线下见面。

2020年上半年，镇镇多次用微信向珠珠转账，珠珠确认收款后，款项均自动存入仅珠珠个人使用的微信钱包里面，共计16977元。

此事被镇镇的父母发现后，与珠珠家人交涉还款事宜。交涉无果后，镇镇的父母诉至法院，要求珠珠及其监护人还款。

法律分析

根据《民法典》第一百二十二条关于不当得利的规定，因没有法律根据，取得不当利益，受损失的人有权请求其返还不当利益。

在本案中，镇镇作为一名初中生，并无经济来源。其为维持与被告的"恋爱"关系，多次应珠珠要求向其转款2000元、1314元、2199元、5200元等，对其而言已属大额资金，明显超出其所能承受的范围，与其年龄、智力、经

济水平不相适应。上述款项中，有9笔金额在320元以下的款项，金额较小，镇镇作为已满14周岁的未成年人可自由处分，属于赠与，珠珠无须返还。剩余13668元，珠珠应当予以返还。

在我们的生活中，不当得利的事件比比皆是。例如：在饭店吃饭，明知店家上错菜，吃完不付这道菜的钱。但是根据《民法典》的规定，不当得利必须还回去！

相关法规

《民法典》第一百二十二条　因他人没有法律根据，取得不当利益，受损失的人有权请求其返还不当利益。

二、不能生育的夫妻，可以收养两个孩子吗

案情介绍

甲乙结婚后，因为乙的身体原因二人一直没有孩子，偏偏二人又很喜欢孩子。经过二人深思熟虑后，决定去当地的福利院收养一个孩子。

甲看到一个5岁的小女孩，大眼睛水汪汪的十分可爱，觉得很投缘，想要收养她。乙看到一个7岁的小男孩长相很是秀气，甚是喜欢，乙想要收养这个小男孩。

二人难以取舍，陷入了困境。那么，在本案中，夫妻二人可以收养两个孩子吗？

法律分析

根据《民法典》第一千零九十八条的规定，甲乙夫妻二人均已满30周岁，且一直没有孩子，有抚养、教育和保护被收养人的能力，也没有患有医学上认为不应该收养子女的疾病，想要收养孩子亦是夫妻二人经过沟通后均表示了愿意的结果。因此，二人根据《中国公民收养子女登记办法的规定》向收养登记机关提交相应证件和证明材料可收养孩子。

由于二人无子女，二人可以收养两名子女，如果收养人已有一名子女，那么便只能收养一名子女。所以，当甲乙夫妻二人符合收养人条件时，并非只能收养一个孩子，可以同时收养两名未成年子女。

相关法规

《民法典》第一千零九十八条　收养人应当同时具备下列条件：

（一）无子女或者只有一名子女；

（二）有抚养、教育和保护被收养人的能力；

（三）未患有在医学上认为不应当收养子女的疾病；

（四）无不利于被收养人健康成长的违法犯罪记录；

（五）年满三十周岁。

三、婚后发现对方故意隐瞒重大疾病，可请求撤销婚姻

案情介绍

小蓝（男）和小红（女）二人相恋并在之后确定婚期，而小蓝因为一次不洁性行为被确诊感染梅毒，为此小蓝为自己一时冲动懊悔万分。小蓝怕失去小红，于是决定将此事隐瞒，不告知未婚妻小红。遂在小红不知情的情况下，二人按照已定婚期登记结婚。

婚后，小蓝向小红坦白自己染病一事，并保证不会再犯，希望小红原谅。小红念在十多年的感情原谅了小蓝并陪同小蓝治疗，但一直无法治愈。医生表示，该疾病对生育后代存在一定影响，小红几经思考决定与小蓝离婚，但小蓝坚决不肯离婚，小红遂向人民法院提起诉讼，请求撤销二人的婚姻关系。

那么，小红的请求能否得到法院的支持？

法律分析

在本案中，在办理结婚登记前，小蓝便患有梅毒，但之后并未向小红履行婚前告知义务。根据《中华人民共和国传染病防治法》的规定，梅毒属于乙类传染病，属于医学上认为影响结婚和生育的传染病，对于小红作出结婚的意思表示的真实完整性具有重大影响。

根据《民法典》第一千零五十三条规定，一方患有重大疾病的，应当在结婚登记前如实告知另一方，不如实告知的，另一方可以向人民法院请求撤销婚姻。因此，法院应支持小红撤销婚姻关系的请求。

相关法规

《民法典》第一千零五十三条 一方患有重大疾病的,应当在结婚登记前如实告知另一方;不如实告知的,另一方可以向人民法院请求撤销婚姻。

请求撤销婚姻的,应当自知道或者应当知道撤销事由之日起一年内提出。

四、夫妻一方赠与"小三"财物,原配能否要回

案情介绍

蓝蓝与红红于2018年5月27日在民政局登记结婚,因婚后感情不和于2019年10月8日协议离婚。

蓝蓝在与红红婚姻关系存续期间内与橙橙认识,二人相识后即保持同居关系。根据红红提交的微信转账记录、支付宝转账记录、工商银行转账记录显示,在红红与蓝蓝婚姻关系存续期间内,蓝蓝共向橙橙转账75890元。另外,蓝蓝于2018年9月8日向案外人张某转账共计158000元,并备注为"给橙橙买车"。

红红起诉至法院,请求确认蓝蓝赠与行为无效,要求第三者橙橙返还上述财产。

法律分析

自然人从事民事活动，不得违反法律规定及公序良俗。夫妻双方在婚姻关系存续期间所取得的财产系夫妻共同财产，夫或妻非因日常生活需要对夫妻共同财产做重要处理决定时，夫妻双方应当平等协商，取得一致意见，任何一方无权单独处分夫妻共同财产。

蓝蓝在与红红婚姻存续期间与橙橙保持同居关系，且向橙橙赠与巨额财产，该行为不但违背了夫妻之间的忠实义务和公序良俗，也侵害了红红相应的财产权利。

根据《民法典》第一百五十三条第三款的规定，违背公序良俗的民事法律行为无效。据此，婚姻关系存续期间，蓝蓝违背忠诚义务，在未经红红同意超出日常生活需要的范围，向婚外异性橙橙赠与大额款项，系违背公序良俗的行为，属于无效民事法律行为。同时，根据《民法典》第一百五十七条的规定，民事法律行为无效后，行为人因该行为取得的财产，应当予以返还，故蓝蓝对橙橙的赠与行为系无效行为，橙橙应予以返还蓝蓝向其赠与的财产。

相关法规

《民法典》第一百五十三条　违反法律、行政法规的强制性规定的民事法律行为无效。但是，该强制性规定不导致该民事法律行为无效的除外。

违背公序良俗的民事法律行为无效。

《民法典》第一百五十七条　民事法律行为无效、被撤销或者确定不发生效力后，行为人因该行为取得的财产，应当予以返还；不能返还或者没有必要返还的，应当折价补偿。有过错的一方应当赔偿对方由此所受到的损失；各方都有过错的，应当各自承担相应的责任。法律另有规定的，依照其规定。

五、分居满一年，再次起诉离婚，法院会支持吗

案情介绍

蓝蓝和红红于2016年8月通过朋友介绍认识，恋爱期间蓝蓝对红红百般呵护、悉心照料，红红觉得自己找到了真爱，遂于2018年4月26日与蓝蓝登记结婚。

结婚后没多久，双方矛盾不断增多，蓝蓝不仅不帮忙做家务，而且还以做生意为借口，向朋友借了很多钱，欠了一屁股债。为此，两人没少争吵，而夫妻感情也随之出现裂痕。最终，红红无法忍受，于2019年3月15日向法院起诉离婚，经法院审理，认为二人感情并未破裂，作出不准予离婚的判决。

红红念在蓝蓝曾经对她的好，希望蓝蓝能重新改过，踏实上班挣钱，无奈蓝蓝没有丝毫改观，红红对其彻底失望，开始与其分居。二人分居生活超过一年后，红红再次向法院起诉离婚。

那么，法院会支持红红的离婚请求吗？

法律分析

在本案中，蓝蓝和红红结婚行为发生在《民法典》施行前，根据《最高人民法院关于适用〈中华人民共和国民法典〉时间效力的若干规定》中第一条第

三款的规定,《民法典》施行前的法律事实持续至《民法典》施行后,该法律事实引起的民事纠纷案件,适用《民法典》的规定,但是法律、司法解释另有规定的除外。

二人婚姻存续持续至《民法典》施行后,因此可以适用《民法典》的规定。

根据《民法典》第一千零七十九条第五款的规定,法院判决蓝蓝和红红不准离婚后,二人又分居满一年以上,红红再次向法院提起离婚诉讼,法院应当准予离婚。

相关法规

《民法典》第一千零七十九条　夫妻一方要求离婚的,可以由有关组织进行调解或者直接向人民法院提起离婚诉讼。

人民法院审理离婚案件,应当进行调解;如果感情确已破裂,调解无效的,应当准予离婚。

有下列情形之一,调解无效的,应当准予离婚:

(一)重婚或者与他人同居;

(二)实施家庭暴力或者虐待、遗弃家庭成员;

(三)有赌博、吸毒等恶习屡教不改;

(四)因感情不和分居满二年;

(五)其他导致夫妻感情破裂的情形。

一方被宣告失踪,另一方提起离婚诉讼的,应当准予离婚。

经人民法院判决不准离婚后,双方又分居满一年,一方再次提起离婚诉讼的,应当准予离婚。

六、夫妻分居两年即自动离婚

案情介绍

铁柱在一家销售公司担任销售经理,由于跟妻子感情疏远,恰巧当时所在单位要与外地一家公司洽谈,预计需要在外地工作5年,铁柱便趁机主动申请随团队去外地工作。

最初,铁柱与妻子还保持联系,但到了后来,双方都不怎么过问对方的事了。铁柱在外地工作的两年半左右,认识了当地的翠花,两人很投缘。铁柱认为自己和发妻已经分居两年多了,两人应该算作离婚了,因此铁柱对翠花称自己是单身,便与翠花同居了,之后二人孕育了一个孩子。

这时,铁柱的原配妻子知道了这件事情,十分气愤,找铁柱讨要说法。但铁柱声称二人已经离婚,他与翠花同居并孕育孩子的事情,与原配妻子无关。一气之下,原配妻子将铁柱告上了法院,并要求法院判处铁柱重婚罪,判处两人离婚,且铁柱需净身出户。

法律分析

在本案中,铁柱声称自己和原配妻子因分居已满两年即是离婚状态,符合法律规定,此种主张是错误的。根据《民法典》第一千零七十九条的规定,夫妻一方要求离婚的,可以由有关组织进行调解或者直接向人民法院提起离婚诉讼。

人民法院审理离婚案件,首先应当进行调解,如果因感情确已破裂调解无效的,应当准予离婚。或者因感情不和分居满2年,调解无效的,应当准予离婚。根据《民法典》婚姻家庭编的规定，我国没有"自动离婚"的方式，仅能通过诉讼和非诉讼（协议离婚）两种途径离婚。

在本案中，铁柱没有经过法院判决其与原配妻子离婚，也没有通过与原配妻子协议离婚，此时铁柱仍是已婚人士。在这种情况下与他人以夫妻名义同居并生育子女，其行为构成重婚罪。

相关法规

《民法典》第一千零七十九条　夫妻一方要求离婚的，可以由有关组织进行调解或者直接向人民法院提起离婚诉讼。

人民法院审理离婚案件，应当进行调解；如果感情确已破裂，调解无效的，应当准予离婚。

有下列情形之一，调解无效的，应当准予离婚：

（一）重婚或者与他人同居；

（二）实施家庭暴力或者虐待、遗弃家庭成员；

（三）有赌博、吸毒等恶习屡教不改；

（四）因感情不和分居满二年；

（五）其他导致夫妻感情破裂的情形。

一方被宣告失踪，另一方提起离婚诉讼的，应当准予离婚。

经人民法院判决不准离婚后，双方又分居满一年，一方再次提起离婚诉讼的，应当准予离婚。

七、离婚后，彩礼需要返还吗

案情介绍

蓝蓝与红红经双方亲戚介绍认识一个月后，蓝蓝给了红红30万元彩礼，不久后双方登记结婚。

由于蓝蓝长期在异地工作，且双方属于闪婚，缺乏感情基础，加上两人聚少离多，半年后，红红以双方感情确已破裂为由起诉离婚，同时蓝蓝提起反诉要求红红返还全部彩礼。

那么，本案中的蓝蓝有权主张红红退还彩礼吗？

法律分析

根据《民法典》第一千零四十二条的规定，禁止借婚姻索取财物，是指不能通过以婚姻这种形式来达到赚钱的目的，不等于不能收取彩礼。所以，男方根据当地风俗结合自身经济承受能力，自愿且适度给付一定数额的彩礼的，属于合法合理的赠与。但是，根据《最高人民法院关于适用〈中华人民共和国民法典〉婚姻家庭编的解释（一）》第五条的规定，如果双方办理结婚登记手续但确实没有共同生活的，当事人双方提出离婚的，经人民法院查明，对于当事人请求返还按照习俗给付的彩礼的，人民法院应当予以支持。

在本案中，蓝蓝与红红办理结婚登记手续后确未共同生活，蓝蓝有权主张红红退还彩礼。

相关法规

《民法典》第一千零四十二条　禁止包办、买卖婚姻和其他干涉婚姻自由的行为。禁止借婚姻索取财物。

禁止重婚。禁止有配偶者与他人同居。

禁止家庭暴力。禁止家庭成员间的虐待和遗弃。

八、子女对父母应尽赡养义务

案情介绍

张峰和原配纪芙结婚后育有一对儿女，即张小峰（儿子）和张小芙（女儿）。

1966年，纪芙因病去世，1968年，张峰带着4岁的儿子张小峰和6岁的女儿张小芙与杨慧以夫妻名义共同生活。

张峰与杨慧含辛茹苦将张小峰与张小芙抚育成人，供二人读大学。在此期间，杨慧为了更好地呵护两个孩子，没有与张峰再生育。

现今，张小峰与张小芙均各自成家，张峰与杨慧深感欣慰。但是随着年龄的增长，二人身体状况越来越差，张峰因病需要治疗，仅有的退休金难以承担高昂的医疗费用。而张小峰和张小芙自成家以来很少回家探望二位老人，父亲生病也没有回家探望照料父亲，也没有给父亲交医疗费，张小峰及其妻子还经常对二位老人打骂。

张峰与杨慧迫于无奈，只能将子女起诉至法院，请求人民法院依法判令张小峰和张小芙每月支付赡养费1000元，直至二老离世。

那么，本案中张峰的请求会得到法院的支持吗？

法律分析

根据《民法典》第一千零六十七条规定，成年子女对父母具有的赡养义务，是亲属权的重要内容。子女对父母的赡养义务是法定义务，是成年子女必须履行的义务，尤其是对于缺乏劳动能力或者生活困难的父母，成年子女必须要履行赡养义务。

在本案中，张峰和杨慧年老且身体状况较差，缺乏劳动能力，仅有的退休金也难以支付昂贵的医疗费用，生活极其困难。因此，张小峰和张小芙必须承担赡养义务，张峰请求其子女支付赡养费应当得到法院的支持。

相关法规

《民法典》第一千零六十七条　父母不履行抚养义务的，未成年子女或者不能独立生活的成年子女，有要求父母给付抚养费的权利。

成年子女不履行赡养义务的，缺乏劳动能力或者生活困难的父母，有要求成年子女给付赡养费的权利。

九、父母的婚姻，做儿女的能否干涉

案情介绍

老伴去世后独自生活了3年的王大爷已63岁，因为独自生活有很多困难，王大爷的孩子便找到张阿姨，让其照顾王大爷的生活起居。久而久之，两人产生感情，继续相处了一段时间后，两人决定登记结婚。

王大爷的儿子小王得知此事后表示强烈反对，小王认为张阿姨之所以选择跟自己的父亲在一起，就是为了在父亲死后能够获得他名下的房产。于是，小王便开始对外散布张阿姨生活作风不检点的谣言，称其年轻时曾与多名男性暧昧。同时威胁自己的父亲，如果他与张阿姨结婚就强行将房子卖掉，并且经常去王大爷家里大吵大闹，阻挠王大爷再婚。

对此，王大爷很是无奈，常常一个人偷偷流泪。

法律分析

根据《民法典》第一千零四十六条的规定，结婚应当男女双方完全自愿，禁止任何一方对另一方加以强迫，禁止任何组织或者个人加以干涉。每个人都享有婚姻自主权，缔结婚姻的双方当事人应当完全自愿，即使是子女也不应该对父母的婚姻大事横加干涉。因此，小王干涉父亲王大爷婚姻自由是违法行为。

干涉婚姻自由行为，除了阻止他人与别人结婚，还有强迫他人与别人结婚、阻止夫妻离婚、强迫夫妻离婚等行为都属于干涉婚姻自由的违法行为。严重干涉的还会构成暴力干涉婚姻自由罪，即干涉婚姻自由时有严重的暴力行为，而使用口头方式或者用轻微的暴力，比如打一个耳光，不构成本罪。此时根据《刑法》的规定，暴力干涉婚姻自由的，处两年以下有期徒刑或者拘役，暴力干涉婚姻自由致使被害人死亡的，处两年以上七年以下有期徒刑。

> **相关法规**
>
> 《民法典》第一千零四十六条 结婚应当男女双方完全自愿，禁止任何一方对另一方加以强迫，禁止任何组织或者个人加以干涉。

遗产与继承

一、所有的"打印遗嘱"都有效吗

案情介绍

周歌和周梅系兄妹,周歌身患癌症将不久于世,其妹妹周梅在周歌患病期间一直对其悉心照料。

2020年11月13日周歌订立遗嘱一份,内容为:周歌死后全部财产由其妹妹周梅继承。该遗嘱由周歌口述,周梅的丈夫王某协助录入电脑并打印,周歌签字并注明日期,且在当天晚上由医院的两位护士作证签名。

2021年1月10日周歌去世,周梅找到周歌的其他继承人要求继承周歌全部财产,但周歌的其他继承人均认为周梅所持有的遗嘱不是周歌亲笔手写的遗嘱,而是一份打印的遗嘱,所以该遗嘱应是无效的,认为应按照法定继承来分配周歌的遗产。

周梅与周歌的其他继承人商量无果。2021年2月15日,周梅起诉至法院,要求按照遗嘱继承周歌的全部遗产,因其认为其所持有的遗嘱是周歌其内心的真实想法,是合法有效的。那么,周梅的诉求会得到法院的支持吗?

法律分析

在本案中,周歌的遗嘱形式为打印遗嘱,根据《民法典》中规定,应对该遗嘱的效力进行审查。

周歌的遗嘱打印人为周梅的丈夫，其与继承人周梅有利害关系，根据《民法典》第一千一百四十条规定，与继承人、受遗赠人有利害关系的人不能作为遗嘱见证人。同时，两位见证人均在晚上才在遗嘱上进行签字，其二人并未对遗嘱的整个过程进行见证，根据《民法典》第一千一百三十六条的规定，打印遗嘱应当有两个以上的见证人在场见证。

因此，周歌订立的打印遗嘱不符合《民法典》规定的打印遗嘱的要件形式，属于无效遗嘱。对于周歌的遗产应按照法定继承进行分配。

此外，根据《民法典》的规定，打印遗嘱时除应当有两个以上见证人在场见证外，遗嘱人和见证人还应当在遗嘱每一页签名，注明年、月、日。无民事行为能力人、限制民事行为能力人以及其他不具有见证能力的人，继承人、受遗赠人，与继承人、受遗赠人有利害关系的人这三类人员也均不能作为遗属见证人。

相关法规

《民法典》第一千一百三十六条　打印遗嘱应当有两个以上见证人在场见证。遗嘱人和见证人应当在遗嘱每一页签名，注明年、月、日。

《民法典》第一千一百四十条　下列人员不能作为遗嘱见证人：

（一）无民事行为能力人、限制民事行为能力人以及其他不具有见证能力的人；

（二）继承人、受遗赠人；

（三）与继承人、受遗赠人有利害关系的人。

二、债务人去世，继承人是否应当履行还款义务

案情介绍

肖某经营一家钓鱼场，陆某经营渔业批发生意。2020年肖某陆续在陆某处进购鲤鱼苗投放到钓鱼场内。

2020年7月，二人经过核对账单，肖某欠陆某鱼款共计57万余元。

2020年10月，肖某因交通事故意外去世。肖某的法定继承人是其儿子肖A（已成年），另肖某名下有一套房屋，市值100万元。陆某在肖某去世后，基于继承关系多次找肖A讨要鱼款，均未果，遂将肖A起诉至人民法院。

那么，在本案中，陆某是否有权要求肖A支付欠款？

法律分析

根据《民法典》第一千一百六十一条规定，继承人以所得遗产实际价值为限清偿被继承人依法应当缴纳的税款和债务。继承人放弃继承的，对被继承人依法应当缴纳的税款和债务可以不负清偿责任。

本案中，肖某的儿子肖A按照《民法典》第一千一百二十七条的规定，继承了肖某死后遗留的个人合法财产，那么同样应当继承肖某所负债务。肖A应当在继承肖某遗产的范围内偿还肖某57万余元的欠款，陆某有权请求肖A支付欠款。

相关法规

《民法典》第一千一百六十一条 继承人以所得遗产实际价值为限清偿被继承人依法应当缴纳的税款和债务。超过遗产实际价值部分，继承人自愿偿还的不在此限。

继承人放弃继承的，对被继承人依法应当缴纳的税款和债务可以不负清偿责任。

《民法典》第一千一百二十七条 遗产按照下列顺序继承：

（一）第一顺序：配偶、子女、父母；

（二）第二顺序：兄弟姐妹、祖父母、外祖父母。

继承开始后，由第一顺序继承人继承，第二顺序继承人不继承；没有第一顺序继承人继承的，由第二顺序继承人继承。

本编所称子女，包括婚生子女、非婚生子女、养子女和有扶养关系的继子女。

本编所称父母，包括生父母、养父母和有扶养关系的继父母。

本编所称兄弟姐妹，包括同父母的兄弟姐妹、同父异母或者同母异父的兄弟姐妹、养兄弟姐妹、有扶养关系的继兄弟姐妹。

三、母亲先于祖父母去世，我可以代位继承遗产吗

案情介绍

老张与妻子婚后生育了一个女儿张甜。张甜于2019年去世，秦齐是张甜

与其丈夫所生的独子。

2021年2月,老张与妻子也先后去世,两位老人生前留有两处房产。那么,作为外孙的秦齐能否主张继承老张夫妇的遗产呢?

法律分析

根据《民法典》的规定,一般来讲,继承开始后,由第一顺序继承人即配偶、子女、父母继承,如果没有第一顺序继承人继承的,由第二顺序继承人即兄弟姐妹、祖父母、外祖父母继承。同时,根据《民法典》第一千一百二十八条的规定,被继承人的子女先于被继承人死亡的,由被继承人的子女的直系晚辈血亲代位继承。

在本案中,秦齐的母亲张甜先于被继承人老张夫妇去世。秦齐作为张甜的独子、老张夫妇的外孙,属于代位继承人,依法可以代位继承其母亲应当继承的遗产份额。

相关法规

《民法典》第一千一百二十八条 被继承人的子女先于被继承人死亡的,由被继承人的子女的直系晚辈血亲代位继承。

被继承人的兄弟姐妹先于被继承人死亡的,由被继承人的兄弟姐妹的子女代位继承。

代位继承人一般只能继承被代位继承人有权继承的遗产份额。

消费维权

一、"熊孩子"给主播打赏能追回吗

案情介绍

巧玲有一个孩子,名叫花花,很是乖巧懂事,虽然只有10岁,但也经常会帮忙替妈妈跑腿买点菜,或者生活小用品。而巧玲因为炸鸡店生意火爆,往往工作至晚上10点,很多时间都没有办法陪伴孩子。巧玲怕孩子一个人无聊,经常让花花玩她的手机。

一日,巧玲用手机软件买东西,在支付输入支付密码时被花花看到,并记住了她的支付密码。

之后,花花在观看直播时,看到主播间里其他人给主播刷"火箭",她也跟着做,没多久就花掉2万余元,虽然她并不知道购买这些东西扣的是妈妈银行卡里的钱。巧玲发现后,又气又急。

那么,本案中,花花给主播打赏的2万元,能追回来吗?

法律分析

根据《民法典》第十九条的规定,八周岁以上的未成年人为限制民事行为能力人,实施民事法律行为由其法定代理人代理或者经其法定代理人同意、追认后生效;但是,限制民事行为能力人可以独立实施纯获利的民事法律行为(例如接受赠与)或者与其年龄、智力相适应的民事法律行为。

在本案中，10岁的花花属于限制民事行为能力人，像买菜这种行为与其年龄、智力相适应，买菜行为属于有效民事法律行为。但是，花花打赏主播2万元的行为明显与其年龄、智力不相适应。因此，在证明花花行为确实未经监护人巧玲的同意而实施的，或者巧玲对该打赏行为表示不同意，巧玲可以请求平台返还相应的款项。

相关法规

《民法典》第十九条 八周岁以上的未成年人为限制民事行为能力人，实施民事法律行为由其法定代理人代理或者经其法定代理人同意、追认；但是，可以独立实施纯获利益的民事法律行为或者与其年龄、智力相适应的民事法律行为。

二、直播买买买，买到假货怎么办

案情介绍

王红在观看某网红主播在其直播间推广销售某品牌"小银碗碗装燕窝冰糖即食燕窝"，看了主播的介绍，王红购买了该燕窝。但收到货后王红发现，该燕窝是糖水而并非燕窝。

那么，本案中，王红买到假燕窝该如何维权？

⚖️ 法律分析

根据《民法典》第五百零九条的规定，当事人应当按照约定全面履行自己的义务。当事人应当遵循诚信原则，根据合同的性质、目的和交易习惯履行通知、协助、保密等义务。在直播带货中，经营者应当提供符合产品质量要求的产品，不得虚假宣传、误导消费者购买，否则除承担违约责任外，还有可能承担惩罚性赔偿责任。

本案中的王红该如何维权呢？

首先，她可以先与卖家协商，向商家说明自己购买的产品与描述不一致，申请退货；其次，如果未能解决，对方拒绝退货，王红可以拨打消费者投诉热线对商家进行举报；最后，经投诉仍未解决的，可以联系媒体进行曝光，通过社会监督来进行维权，同时可以到货物送达地的法院起诉主播。

根据《中华人民共和国消费者权益保护法》第五十五条的规定，经营者提供商品或者服务有欺诈行为的，应当按照消费者的要求增加赔偿其受到的损失，增加赔偿的金额为消费者购买商品的价款或者接受服务的费用的三倍；增加赔偿的金额不足五百元的，为五百元。

📜 相关法规

《民法典》第五百零九条 当事人应当按照约定全面履行自己的义务。

当事人应当遵循诚信原则，根据合同的性质、目的和交易习惯履行通知、协助、保密等义务。

当事人在履行合同过程中，应当避免浪费资源、污染环境和破坏生态。

《中华人民共和国消费者权益保护法》第五十五条　经营者提供商品或者服务有欺诈行为的，应当按照消费者的要求增加赔偿其受到的损失，增加赔偿的金额为消费者购买商品的价款或者接受服务的费用的三倍；增加赔偿的金额不足五百元的，为五百元。法律另有规定的，依照其规定。

经营者明知商品或者服务存在缺陷，仍然向消费者提供，造成消费者或者其他受害人死亡或者健康严重损害的，受害人有权要求经营者依照本法第四十九条、第五十一条等法律规定赔偿损失，并有权要求所受损失二倍以下的惩罚性赔偿。

三、网购下完单，卖家却反悔了

案情介绍

一天，淘淘逛国内某网购平台时，发现某个商家有促销活动，淘淘便点进该商家的店。

在浏览商品时，淘淘发现了一条活动价为9.9元的连衣裙，她觉得很是划算，迅速抢购了这条连衣裙。系统显示订单提交成功，等待卖家发货，但第二天早上的时候，淘淘却收到了网购平台的退款短信。感到疑惑的淘淘随后登录了该网购平台，发现该项退款是卖家私自发起的，且商家已经关闭该条交易。

不服气的淘淘发信息询问店主。店主告知淘淘，因为这条连衣裙的购买量太大，商家安排了临时限购。所以，订单付款顺序在1万单之后的，商家自动发起退款，而淘淘便是这1万单之后的其中之一。

那么，在本案中，商家的行为合法吗？

法律分析

本案中商家的行为不合法，淘淘在网购平台选择商品并成功提交订单，就成立了一份电子合同。根据《民法典》第四百九十一条的规定：当事人一方通过互联网等信息网络发布的商品或者服务信息符合要约条件的，对方选择该商品或者服务并提交订单成功时合同成立。

也就是说，电子合同一旦成立并生效，合同相对方依照法律的规定及合同约定所产生的义务具有法律的强制性，一方拒绝履行或不适当履行合同义务，以及擅自变更和解除合同都是不被允许的。

因此，商家没有经过淘淘同意擅自解除购买合同，关闭该订单交易是违法的。

相关法规

《民法典》第四百九十一条　当事人采用信件、数据电文等形式订立合同要求签订确认书的，签订确认书时合同成立。

当事人一方通过互联网等信息网络发布的商品或者服务信息符合要约条件的，对方选择该商品或者服务并提交订单成功时合同成立，但是当事人另有约定的除外。

四、通过微信沟通协商后,买家支付部分货款,之后一直未支付剩余货款怎么办

案情介绍

2019年4月6日,王五通过可真皮公司的网站查询到可真皮公司法定代表人李四的联系方式,经电话联系,双方添加微信好友。

通过双方微信沟通协商,王五与李四达成买卖协议,王五从李四处购买一套真皮沙发,总价48000元,约定货到后两个月内付清全款。

当天,王五支付定金8000元,同年4月25日李四将货物运送至王五处,王五支付中间款6000元,但未支付全部货款。

2019年6月1日,李四联系王五要求其支付剩余货款34000元,王五认可债务并同意支付,但至今仍未支付。后李四诉至法院,请求判令被告支付剩余货款。

那么,法院会支持李四的诉讼请求吗?

法律分析

在本案中,王五从李四处购买一套真皮沙发,双方通过微信达成的协议,系双方真实意思表示。且可真皮公司已交付货物,王五业已履行部分义务,根据《民法典》第四百六十九条的规定,双方买卖合同合法有效。根据《民法典》第五百一十二条、第六百二十八条的规定,通过互联网等信息网络订立的电子合同的标的为交付商品并采用快递物流方式交付的,收货人的签收时间为交付时间,买受人应当按照约定的时间支付价款。

在本案中，王五与可真皮公司通过微信签订的买卖合同，约定货物采用物流方式发货，故交付时间应为2019年4月25日，但是王五一直不交付剩余货款。

根据《民法典》第五百七十七条的规定，当事人一方不履行合同义务或者履行合同义务不符合约定的，应当承担继续履行、采取补救措施或者赔偿损失等违约责任。可真皮公司按照约定履行了交付合同标的物的义务，王五未按合同约定履行支付尾款的义务，构成违约。所以，李四请求王五支付剩余货款的请求会得到法院的支持。

相关法规

《民法典》第四百六十九条　当事人订立合同，可以采用书面形式、口头形式或者其他形式。

书面形式是合同书、信件、电报、电传、传真等可以有形地表现所载内容的形式。

以电子数据交换、电子邮件等方式能够有形地表现所载内容，并可以随时调取查用的数据电文，视为书面形式。

《民法典》第五百一十二条　通过互联网等信息网络订立的电子合同的标的为交付商品并采用快递物流方式交付的，收货人的签收时间为交付时间。电子合同的标的为提供服务的，生成的电子凭证或者实物凭证中载明的时间为提供服务时间；前述凭证没有载明时间或者载明时间与实际提供服务时间不一致的，以实际提供服务的时间为准。

电子合同的标的物为采用在线传输方式交付的，合同标的物进入对方当事人指定的特定系统且能够检索识别的时间为交付时间。

电子合同当事人对交付商品或者提供服务的方式、时间另有约定的，按照其约定。

《民法典》第五百七十七条　当事人一方不履行合同义务或者履行合同义务不符合约定的，应当承担继续履行、采取补救措施或者赔偿损失等违约责任。

《民法典》第六百二十八条　买受人应当按照约定的时间支付价款。对支付时间没有约定或者约定不明确，依据本法第五百一十条的规定仍不能确定的，买受人应当在收到标的物或者提取标的物单证的同时支付。

五、KTV禁止客人自带酒水的行为合法吗

案情介绍

春节期间，夏某和朋友相约去KTV唱歌，包厢里面什么东西都没有。去KTV内超市一看，平常售价为2元的矿泉水在KTV超市售价为10元，夏某决定到附近楼下超市买点水果和饮品。结果当夏某返回时，KTV工作人员阻止带着吃食的夏某进入，并指出门口标示牌已提示：谢绝自带酒水。

原本正月放假想跟朋友一起聚会放松，结果碰上这种事情，他表示非常不开心。

那么，KTV禁止客人自带酒水的行为合法吗？

法律分析

根据《消费者权益保护法》第九条的规定，消费者有权自主选择提供商品或者服务的经营者，自主决定购买或者不购买任何一种商品、接受或者不接受任何一项服务。因此，消费者有权自主选择自带食物、酒水，这是消费者的权利，任何商家都不能禁止消费者行使该权利。

根据《民法典》第五条的规定，民事主体从事民事活动，应当遵循自愿原则。商家设立的"禁止自带酒水"规则属于利用其优势地位设立的霸王条款，这种利用公告侵犯消费者的自主选择权以及公平交易权的行为，在法律上是无效的。

因此，KTV这种行为是不合法的。消费者遇到此种情况可以选择口头告知店家其行为是违法行为，亦可选择收集相关证据后拨打消费者投诉专用电话，或者拨打当地工商执法局电话举报，保护好自己的利益。

相关法规

《民法典》第五条　民事主体从事民事活动，应当遵循自愿原则，按照自己的意思设立、变更、终止民事法律关系。

《消费者权益保护法》第九条　消费者享有自主选择商品或者服务的权利。

消费者有权自主选择提供商品或者服务的经营者，自主选择商品品种或者服务方式，自主决定购买或者不购买任何一种商品、接受或者不接受任何一项服务。

消费者在自主选择商品或者服务时，有权进行比较、鉴别和挑选。

侵权与损害

一、去医院检查，由于医生操作不当，导致胎儿感染病毒，怎么办

案情介绍

于某怀孕期间感到身体不适，去医院做检查，检查过程中由于医生操作不当，导致于某和腹中胎儿均感染了某甲型病毒。

那么，本案中的于某该如何维护自己的权益？

法律分析

在本案中，在于某胎儿出生前后，于某作为胎儿的法定代理人，有权以自己的名义向医院主张侵权损害赔偿。但如果胎儿分娩时为死体，此时胎儿不享有民事权利能力，于某便不能以胎儿的名义向医院主张侵权损害赔偿，只能以自己的"身体权"或者"健康权"遭受侵害为由，向医院主张侵权损害赔偿。

相关法规

《民法典》第十六条 涉及遗产继承、接受赠与等胎儿利益保护的，胎儿视为具有民事权利能力。但是，胎儿娩出时为死体的，其民事权利能力自始不存在。

二、孩子在幼儿园受伤，责任谁来承担

案情介绍

小蓝（5周岁）在白云幼儿园学习，2018年8月某天放学时，小蓝在其母亲陪同下在幼儿园分园的游乐场玩。当时幼儿园刚放学，老师们均在看护园里的孩子们及时离开。

这几日正赶上游乐场维修，有部分建筑垃圾堆放在游乐场空地上，因员工疏忽也没有设置警戒线和注意告示牌。而小蓝在从游乐场跑向幼儿园门口时，被游乐场里的建筑垃圾绊倒，倒地时小蓝的膝盖磕到裸露的石头上，导致其右腿膝盖严重受伤。

对此，小蓝父母多次与幼儿园负责人协商此事，要求幼儿园予以一定的赔偿，但是幼儿园负责人坚决认为小蓝摔倒是其自己不小心和父母没有看护好导致的，拒绝赔偿。

小蓝父母无奈之下，只得以监护人的身份代小蓝向法院提起诉讼，请求赔偿。

法律分析

在本案中，小蓝监护人和被告幼儿园均各承担50％的责任。小蓝只有5周岁，根据《民法典》的规定，系无民事行为能力人。小蓝在没有离开幼儿园时受到伤害，根据《民法典》第一千一百九十九条规定，无民事行为能力人在幼儿园、学校或者其他教育机构学习、生活期间受到人身损害的，幼儿园、学校或者其他教育机构应当承担侵权责任；但是，能够证明尽到教育、管理职责

的，不承担侵权责任。

该幼儿园在游乐场堆放建筑垃圾，游乐场正在进行维修，却未设置警戒线和注意告示牌，显然幼儿园存在过错。但是小蓝是在其母亲陪同下在游乐场玩耍，其母亲未能及时阻止小蓝在存有安全隐患的场地玩耍，且未尽到保障其安全的义务，其母亲也存在一定过错，可以适当减轻幼儿园的责任。因此，幼儿园和小蓝监护人应各承担50%的责任。

相关法规

《民法典》第一千一百九十九条　无民事行为能力人在幼儿园、学校或者其他教育机构学习、生活期间受到人身损害的，幼儿园、学校或者其他教育机构应当承担侵权责任；但是，能够证明尽到教育、管理职责的，不承担侵权责任。

三、垫高自家地基，不顾邻居家地基安危，违法吗

案情介绍

孙某与张某都住在庄河村，且两家是邻居。张某家地势低，孙某家地势高，排水要从张某家流通。

孙某将原本就高的地基又垫高一米，导致本来平稳的水流现急速流通张某家。遇到暴雨天气，张某家的地基有被冲毁的危险。

那么，孙某的行为合法吗？

法律分析

在本案中，孙某的行为是不合法的，其行为侵犯了张某的排水权且违反了民法的诚实信用原则。孙某加高地基的行为虽说是在行使自己的权利，但是其加高了1米，超出了行使权利的界限，导致张某家地基有被冲毁的危险。

孙某的行为是以损害他人为主要目的而行使权利，根据《民法典》第一百三十二条和第二百九十条的规定，民事主体不得滥用民事权利损害他人合法权益，不动产权人应当为相邻权利人用水、排水提供必要的便利。对自然流水的排放，应当尊重自然流向，所以孙某的行为可以认定为是滥用民事权利，侵犯了张某的排水权，其行为是不合法的行为。

相关法规

《民法典》第一百三十二条　民事主体不得滥用民事权利损害国家利益、社会公共利益或者他人合法权益。

《民法典》第二百九十条　不动产权利人应当为相邻权利人用水、排水提供必要的便利。

对自然流水的利用，应当在不动产的相邻权利人之间合理分配。对自然流水的排放，应当尊重自然流向。

四、严禁高空抛物，法律守护头顶安全

案情介绍

王老太太在小区花园内散步时，张某的儿子小小张（5岁）从35楼阳台处抛下一个矿泉水瓶，发出"嘭"的一声，王老太太被这个声音吓得摔倒在地。

经法医鉴定，王老太太的伤情构成十级伤残。张某家向王老太太支付1万元费用后，再无联系。之后，王老太太要求张某赔偿其损失但张某拒绝赔偿，遂向人民法院提起诉讼。后经法院审理，最终判处张某赔偿王老太太治疗费及其他费用共计9万余元。

法律分析

在本案中，虽然小小张从35楼抛下的矿泉水瓶未直接砸中王老太太，但是由于此行为具有极强的危险性，进而导致王老太太受到惊吓摔倒致残。王老太太摔倒致残的后果与高空抛物的行为具有直接因果关系。

根据《民法典》第一千二百五十四条的规定，禁止从建筑物中抛掷物品，因抛掷物品造成他人损害的，由侵权人依法承担侵权责任。由于小小张年仅5岁，不具备责任能力，因此应当由其法定代理人张某承担赔偿责任。

相关法规

《民法典》第一千二百五十四条 禁止从建筑物中抛掷物品。从建筑物中抛掷物品或者从建筑物上坠落的物品造成他人损害的，由侵权人依法

承担侵权责任；经调查难以确定具体侵权人的，除能够证明自己不是侵权人的外，由可能加害的建筑物使用人给予补偿。可能加害的建筑物使用人补偿后，有权向侵权人追偿。

物业服务企业等建筑物管理人应当采取必要的安全保障措施防止前款规定情形的发生；未采取必要的安全保障措施的，应当依法承担未履行安全保障义务的侵权责任。

发生本条第一款规定的情形的，公安等机关应当依法及时调查，查清责任人。

五、业主在小区内利用小区设施锻炼时受伤，物业有赔偿责任吗

案情介绍

菜花是幸福小区的业主，某日，菜花在小区广场健身。由于健身器材损坏，菜花在进行腹背锻炼时，手指夹在设备中，造成严重夹伤。

菜花认为自己之所以会受伤，是因为物业公司作为健身器材的管理人，未尽到维护和安全管理健身器械的义务，导致其在健身过程中不慎受伤，应当由物业公司赔偿其因治疗产生的相应费用。但是物业公司坚称是菜花自身原因导致其受伤，拒绝赔偿，菜花气愤之余，将物业公司诉至法院，请求判令物业公司赔偿其医疗费、护理费等各项费用。

那么，在本案中，菜花的诉讼请求法院会支持吗？

法律分析

根据《民法典》第九百四十二条第一款的规定，物业服务人应当按照约定和物业的使用性质，妥善维修、养护、清洁、绿化和经营管理物业服务区域内的业主共有部分，维护物业服务区域内的基本秩序，采取合理措施保护业主的人身、财产安全。

在本案中，物业公司对小区健身器材负有管理义务，应设置安全警示标志并及时维修，以保障他人使用器材时的安全。但物业公司对于损坏的健身器械未及时维修、提示，没有尽到管理职责，从而造成菜花受伤，应依法承担相应的赔偿责任。因此，菜花的诉讼请求会得到法院的支持。

相关法规

《民法典》第九百四十二条 物业服务人应当按照约定和物业的使用性质，妥善维修、养护、清洁、绿化和经营管理物业服务区域内的业主共有部分，维护物业服务区域内的基本秩序，采取合理措施保护业主的人身、财产安全。

对物业服务区域内违反有关治安、环保、消防等法律法规的行为，物业服务人应当及时采取合理措施制止、向有关行政主管部门报告并协助处理。

六、外卖骑手导致行人受伤，责任应由谁来承担

案情介绍

2019年7月，团团在某配送平台注册成为配送员，完成配送任务后，平台会支付相应的工作报酬。注册当天，该配送平台为团团在某保险公司投保了个人责任险，保险中明确承保配送员在配送过程中因过失导致第三者人身伤亡、财产直接损失，每次事故赔付比例为80%。

2019年12月25日，团团在接到该配送平台的订单后，像往常一样忙赶出门去送货。没想到的是，团团在出门后不久，在路口与横穿马路急速冲过来的张天撞到一起，当时团团的车速较快，根本来不及刹车，因此两人就撞上了。

经交警认定，团团驾驶电动车速度过快，没有注意观察路面情况确保安全，负事故的主要责任。张天违反规定横穿道路，负次要责任。之后，受伤的张天在医院接受治疗，花费医疗费58000元，经鉴定构成八级伤残。

事故发生后，张天与团团、配送平台就赔偿问题无法达成一致意见，团团认为应由配送平台承担责任；配送平台则认为发生事故是因为团团车速过快、张天横穿马路，配送平台与团团也没有签订任何劳动合同及雇佣合同，此事与平台无关。

最后，张天将团团、配送平台、保险公司一起起诉至人民法院，索赔12万元。

法律分析

在本案中，配送平台为团团所投的个人责任保险中明确约定了保险公司承保配送员在配送过程中因过失导致第三者人身伤亡、财产的直接损失，每次事故赔付比例为80%，故保险公司应按照约定承担保险赔付责任。

该配送平台与团团之间并没有签订劳动合同，所以两方并不属于劳动合同的双方当事人。但团团在为平台配送货物时发生的事故，其在提供配送服务时受平台管理制度的约束，且报酬由平台发放，所以无论团团是否与该配送平台签订合同，在其接受配送任务后均与该配送平台公司之间建立了雇佣关系。

根据《民法典》第一千一百九十一条的规定，雇员在从事雇佣活动中致人损害的，雇主应当承担赔偿责任；雇员因故意或者重大过失致人损害的，应当与雇主承担连带赔偿责任。

在本案中，作为雇员的团团在送餐过程中发生交通事故，作为雇主的该配送平台公司自然应当承担赔偿责任。而责任保险赔付后不足的部分，因团团在事故中负主要责任，可以认定其存在重大过失，故团团应与该配送平台公司承担连带赔偿责任。

相关法规

《民法典》第一千一百九十一条　用人单位的工作人员因执行工作任务造成他人损害的，由用人单位承担侵权责任。用人单位承担侵权责任后，可以向有故意或者重大过失的工作人员追偿。

劳务派遣期间，被派遣的工作人员因执行工作任务造成他人损害的，

> 由接受劳务派遣的用工单位承担侵权责任；劳务派遣单位有过错的，承担相应的责任。

七、劳务派遣工作人员侵权，劳务派遣单位应当承担责任吗

案情介绍

万吉系A省A市城镇居民，是一名退休教师，金福与A市青田人力资源有限公司签订劳动合同，由该公司派遣金福至黑土物业顾问有限公司从事房产中介工作，黑土物业顾问有限公司系房地产经纪公司。

2021年1月某日中午，万吉乘坐金福驾驶的电动自行车去看房，金福在幸福阳光小区内骑行时，致坐在车后座上的乘客万吉摔倒受伤。

上述事故，经当地交通警察支队出具道路交通事故认定书，认定金福应承担全部责任。万吉与黑土物业顾问有限公司就赔偿事宜未达成一致意见，遂起诉至法院，请求判令黑土物业顾问有限公司因此次事故造成的合理损失进行赔偿。

那么，在本案中，万吉的请求能否得到法院的支持？

法律分析

首先，经交警部门认定本次事故中，金福应承担全部责任。金福系青田人力资源有限公司派遣至黑土物业顾问有限公司从事房产中介工作的员工，本起事故是金福在带万吉看房屋过程中发生的，带客户看房属于职务行为。

根据《民法典》第一千一百九十一条第二款的规定，劳务派遣期间，被派遣的工作人员因执行工作任务造成他人损害的，由接受劳务派遣的用工单位承担侵权责任。故黑土物业顾问有限公司应对万吉的因此次事故造成的合理损失进行赔偿。

相关法规

《民法典》第一千一百九十一条　用人单位的工作人员因执行工作任务造成他人损害的，由用人单位承担侵权责任。用人单位承担侵权责任后，可以向有故意或者重大过失的工作人员追偿。

劳务派遣期间，被派遣的工作人员因执行工作任务造成他人损害的，由接受劳务派遣的用工单位承担侵权责任；劳务派遣单位有过错的，承担相应的责任。

八、雇请的瓦匠在干活时受伤，责任应由谁承担

案情介绍

蓝蓝与红红是一对夫妻，2012年两人在老家修建了一栋二层的小楼。2020年，疫情的原因蓝蓝和红红回老家居住，因为房屋之前仅由蓝蓝的父母居住，需要进行必要设施的扩建，便找了同村的泥瓦匠程某当"小工"，双方约定工资为200元/天。

2020年3月，程某前往蓝蓝家进行工作。在攀爬蓝蓝提供的木梯上房顶进

行工作时，木梯断裂导致程某从梯子上跌落，随即被送往县医院进行治疗。治疗结束后，经过伤残鉴定程某构成10级伤残，双方就赔偿问题未能达成协议。

无奈之下，程某只能将蓝蓝与红红起诉至法院，要求二人赔偿其医疗费、住院费等共计14万元。

那么，本案中程某的损失应由谁来承担？

法律分析

根据《民法典》第一千一百九十二条的规定，个人之间形成劳务关系，提供劳务一方因劳务造成他人损害的，由接受劳务一方承担侵权责任。接受劳务一方承担侵权责任后，可以向有故意或者重大过失的提供劳务一方追偿。提供劳务一方因劳务受到损害的，根据双方各自的过错承担相应的责任。

在本案中，程某攀爬木梯上房顶是完成修缮房屋必经的步骤，是完成劳务必需的过程，且攀爬的木梯是由蓝蓝提供的，程某不存在过错。因此，应当由接受劳务的一方承担赔偿责任。虽然是由蓝蓝出面雇用程某来进行房屋的修缮工作，但是此房屋是蓝蓝与红红共同生活居住所使用，二人属于接受劳务的一方。因此，蓝蓝与红红应当共同对程某承担赔偿责任。

相关法规

《民法典》第一千一百九十二条　个人之间形成劳务关系，提供劳务一方因劳务造成他人损害的，由接受劳务一方承担侵权责任。接受劳务一方承担侵权责任后，可以向有故意或者重大过失的提供劳务一方追偿。

提供劳务一方因劳务受到损害的，根据双方各自的过错承担相应的责任。

提供劳务期间，因第三人的行为造成提供劳务一方损害的，提供劳务一方有权请求第三人承担侵权责任，也有权请求接受劳务一方给予补偿。接受劳务一方补偿后，可以向第三人追偿。

九、免费获得游玩门票，游玩受伤能否请求赔偿

案情介绍

2020年9月，席某参加蓝天生态园微信推文活动，免费获得了该生态园入园门票，可免费游玩园内的"网红桥"。该"网红桥"项目前设置有免责声明告示牌，且两端各有一名管理人员，下方铺设有气垫。

席某入园后，在游玩"网红桥"时，从桥上摔下，掉在气垫上，但仍造成其右臂骨折。席某要求生态园赔偿其医疗费用，但是生态园认为其已作出免责声明，拒绝赔偿。

协商无果，席某将该生态园内"网红桥"的经营者蓝天生态园诉至法院，请求判令蓝天生态园赔偿其医药费、残疾赔偿金、精神损害抚慰金等。

那么，在本案中，席某的请求能否得到法院的支持？

法律分析

在本案中，席某通过参加微信推文活动，免费获得生态园门票，免费游玩生态园中的"网红桥"。席某虽然没有支付门票费用，但蓝天生态园通过席

某的微信推送获得广告宣传利益，席某与蓝天生态园之间形成旅游合同法律关系。

游玩"网红桥"是有一定安全风险的运动，蓝天生态园虽在桥下铺设气垫，但气垫本身也具有一定的安全风险，且被告在入园处设置的入园提示（免责声明）系格式条款。蓝天生态园作为旅游经营者未尽到安全保障义务，构成违约，应承担赔偿责任。但张某作为成年人，是应当知晓游玩"网红桥"具有一定的安全风险，其在游玩过程中由于疏忽也存在一定的责任。因此，结合本案，席某也需要承担一定责任的。

相关法规

《民法典》第一千一百九十八条　宾馆、商场、银行、车站、机场、体育场馆、娱乐场所等经营场所、公共场所的经营者、管理者或者群众性活动的组织者，未尽到安全保障义务，造成他人损害的，应当承担侵权责任。

因第三人的行为造成他人损害的，由第三人承担侵权责任；经营者、管理者或者组织者未尽到安全保障义务的，承担相应的补充责任。经营者、管理者或者组织者承担补充责任后，可以向第三人追偿。

十、相约打球被球打伤，可以请求对方赔偿吗

案情介绍

蓝蓝和橙橙均是羽毛球爱好者，经常参加市里举办的一些羽毛球比赛。

一次，沈阳市某文化企业举办羽毛球比赛，二人均报名参加。在比赛过程中，橙橙击打的羽毛球直接击中蓝蓝右眼，导致右眼出血，被送往医院进行诊治。医院诊断为右眼人工晶体脱落。

蓝蓝遂以自己的人身权受到侵犯为由，将橙橙起诉至法院，要求橙橙赔偿其医疗费、护理费、住院伙食补助费等各项费用。

那么，蓝蓝的请求会得到法院的支持吗？

法律分析

在本案中，蓝蓝出自其自愿参加的文化企业举办的具有一定风险的对抗性竞技比赛，根据《民法典》第一千一百七十六条规定，自愿参加具有一定风险的文体活动，因其他参加者的行为受到损害的，且其他参加者对损害的发生没有故意或者重大过失的，受害人不得请求其他参加者承担侵权责任。

橙橙的行为不存在明显违反比赛规则的情形，不存在故意或者重大过失。因此，蓝蓝无权请求橙橙赔偿其各种费用，其请求不会得到法院的支持。

> **相关法规**
>
> 《民法典》第一千一百七十六条 自愿参加具有一定风险的文体活动，因其他参加者的行为受到损害的，受害人不得请求其他参加者承担侵权责任；但是，其他参加者对损害的发生有故意或者重大过失的除外。
>
> 活动组织者的责任适用本法第一千一百九十八条至第一千二百零一条的规定。

十一、在咖啡店逗猫被咬伤，责任应由谁来承担

案情介绍

腾某平时很喜欢小宠物，2021年5月13日，腾某与朋友相约到当地的网红猫咖进行消费。

腾某点完饮品回到座位与朋友唠嗑时，在没有挑逗和抚摸周边猫咪的情况下，店里的猫突然跳到腾某大腿上。由于猫爪锋利，且无人看管，当天腾某又恰巧穿的短裤，致使腾某大腿多处流血。

因与咖啡馆老板协商不成，腾某遂报警处理。警察建议老板带腾某去注射狂犬疫苗并去医院处理伤口，但老板拒绝，辩称自己咖啡店门口贴有相关告示，猫咪受到惊吓或伤害会正当防卫，拒绝承担医疗责任。

无奈之下，腾某只好起诉至人民法院，请求该咖啡店老板赔偿注射疫苗、清洗伤口等所产生的医疗费以及交通费。

📊 法律分析

在本案中，咖啡店门口张贴的有关告示，根据《民法典》第四百九十七条的规定，属于违规的格式合同免责条款，此种条款中规定的免责一律无效，该免责告示并不能真正免除责任。

其次，根据《民法典》第一千一百九十八条的规定，宠物咖啡店作为经营场所，应当尽到对消费者的安全保障义务，否则，造成消费者损害的，应当承担侵权责任。

因此，咖啡店的经营者有义务保障消费者的人身安全，因店内宠物原因导致消费者受伤的，店家应当承担责任。但如果店家能够证明损害是因为被侵权人故意或重大过失造成的，比如：消费者撸猫方式不当，挑逗猫的方式不当导致猫咪的应激反应而被抓伤等，根据《民法典》第一千二百四十五条的规定，店家可以不承担或者减轻责任。

相关法规

《民法典》第四百九十七条　有下列情形之一的，该格式条款无效：

（一）具有本法第一编第六章第三节和本法第五百零六条规定的无效情形；

（二）提供格式条款一方不合理地免除或者减轻其责任、加重对方责任、限制对方主要权利；

（三）提供格式条款一方排除对方主要权利。

《民法典》第一千一百九十八条　宾馆、商场、银行、车站、机场、体育场馆、娱乐场所等经营场所、公共场所的经营者、管理者或者群众性活动的组织者，未尽到安全保障义务，造成他人损害的，应当承担侵权责任。

因第三人的行为造成他人损害的，由第三人承担侵权责任；经营者、管理者或者组织者未尽到安全保障义务的，承担相应的补充责任。经营者、管理者或者组织者承担补充责任后，可以向第三人追偿。

《民法典》第一千二百四十五条　饲养的动物造成他人损害的，动物饲养人或者管理人应当承担侵权责任；但是，能够证明损害是因被侵权人故意或者重大过失造成的，可以不承担或者减轻责任。

十二、饲养的动物咬伤他人，饲养人需要承担责任吗

案情介绍

2021年5月13日上午，蓝兰骑着电动车路过赵昭家门扣时，赵昭饲养的狗突然从门里蹿出，对蓝兰狂吠不止，甚至上前追咬蓝兰。蓝兰在慌乱中加速行驶，结果撞上路边的树木，导致其右手骨折，电动车也因此损坏。

蓝兰认为赵昭应赔偿其相应的医药费及电动车损失，但赵昭辩称其饲养的狗一直都很温顺，从未咬过人，是蓝兰自己胆小，因反应过度才被其追咬而受伤，与赵昭及其爱犬无关，遂拒绝赔偿。蓝兰无奈，向法院提起诉讼，请求法院判令赵昭承担赔偿责任。

那么，在本案中，蓝兰的请求法院是否会支持？

法律分析

在本案中，赵昭对其饲养的狗并没有采取相应的安全措施，狗冲出门追咬逐蓝兰，而蓝兰为摆脱狗的追逐加速行驶，属于正常反应，并无不当。

根据《民法典》第一千二百四十六条的规定，违反管理规定，未对动物采取安全措施造成他人损害的，动物饲养人应当承担侵权责任。如果能够证明损害是因被侵权人故意造成的，动物饲养人或者管理人可以适当减轻责任。但是在本案中，赵昭没有对动物采取必要的安全措施，不仅违反了犬类管理规定，还导致蓝兰受伤，因此，赵昭不能主张减轻自己的责任。

侵权人的免责事由仅限于被侵权人故意而不包括过失，且只能产生减轻责任的结果。所以，蓝兰的请求法院会予以支持。

相关法规

《民法典》第一千二百四十六条　违反管理规定，未对动物采取安全措施造成他人损害的，动物饲养人或者管理人应当承担侵权责任；但是，能够证明损害是因被侵权人故意造成的，可以减轻责任。

十三、宠物狗在流浪期间伤害他人，饲养人是否承担责任

案情介绍

住在某小区的李婷，与某日领养了一只宠物狗，并办理了养犬登记。李婷白天出门上班，下班回家后发现，家里的真皮沙发背狗啃坏了，气急之下，

李婷将狗赶出家门。

同小区张森家的孩子非常喜爱小动物，放学回到小区时，看见被李婷赶出家门正在流浪的狗，便上前和狗玩。在玩闹的时候，不小心被其咬伤，之后伤口感染住院，后渐渐康复。

而李婷将狗赶出家后一直很后悔，广发寻狗启事。此时，流浪的狗已被路过的苏辉捡回家照看，而张森看到寻狗启事后找到李婷，要求李婷赔偿因自己孩子被其狗咬伤感染住院而产生的医疗费。李婷认为，目前她的狗尚无下落，不能肯定就是自己的狗咬伤人，拒不承担费用。

后苏辉看到寻狗启事后辨认出被自己捡回家的是李婷的狗，在找到李婷将狗归还时，恰巧张森再次找上门。张森确认是李婷的狗咬伤自己的儿子后，再次要求李婷承担医疗费用，李婷称狗在咬人时自己不在场，后来又被苏辉捡到，这事情和自己无关，拒绝承担任何费用。于是，张森便向苏辉索要医疗费，苏辉无奈之下，诉至法院。

法律分析

根据《民法典》第一千二百四十九条的规定，李婷将狗遗弃期间，其作为饲养人，对狗仍然有看管义务。狗在这期间咬伤张森的孩子，造成孩子感染住院，原饲养者李婷应当承担因其看管不力而对他人造成损害的相应责任。

同时，根据《民法典》第九百七十九条的规定，苏辉捡到流浪狗后，作为没有法定或者约定义务的管理人，对狗照顾管理，在管理期间产生的必要费用，包括食物、药品等开支也可向李婷主张给付相应费用。

相关法规

《民法典》第九百七十九条 管理人没有法定的或者约定的义务，为避免他人利益受损失而管理他人事务的，可以请求受益人偿还因管理事务而支出的必要费用；管理人因管理事务受到损失的，可以请求受益人给予适当补偿。

管理事务不符合受益人真实意思的，管理人不享有前款规定的权利；但是，受益人的真实意思违反法律或者违背公序良俗的除外。

《民法典》第一千二百四十九条 遗弃、逃逸的动物在遗弃、逃逸期间造成他人损害的，由动物原饲养人或者管理人承担侵权责任。

十四、公交车急刹车致乘客伤残，公交车公司应当承担责任吗

案情介绍

2021年3月8日，张大爷乘坐巴阳公共交通有限公司运营的207路公交车，从高铁北站前往客运站。当车辆行至北航路西塔桥附近时，由于司机突然刹车，张大爷在车内摔倒受伤，其小腿因疼痛而不敢随意挪动。随后，车上的乘客拨打了120，之后把张大爷送往医院医治，后经司法鉴定，张大爷的伤情构成人体损伤十级残疾。

张大爷出院后，认为自己本次受伤与公交车司机突然刹车有直接因果关系，公交车司机系巴阳公共交通有限公司的员工，该公司应当承担赔偿责任。随后，张大爷找到巴阳公共交通有限公司负责人沟通赔偿事宜。协商无果后，张大爷将其起诉至人民法院，请求法院判令巴阳公共交通有限公司赔偿其医

疗费、护理费、伤残赔偿金、交通费、住院伙食补助费及赔偿精神损害抚慰金。

那么，在本案中，张大爷关于医疗费、护理费、伤残赔偿金、交通费、住院伙食补助费及赔偿精神损害抚慰金的请求能否得到法院的支持？

法律分析

在本案中，张大爷搭乘207路公交车时，便与巴阳公共交通有限公司形成客运合同关系，该公交车公司作为承运人，应当对在运输过程中，对旅客造成的伤亡承担损害赔偿责任。

张大爷关于医疗费、护理费、伤残赔偿金、交通费、住院伙食补助费及赔偿精神损害抚慰金的请求，根据《民法典》第九百九十六条的规定，因当事人一方的违约行为，损害对方人格权并造成严重精神损害，受损害方选择请求其承担违约责任的，不影响受损害方请求精神损害赔偿。

相关法规

《民法典》第九百九十六条 因当事人一方的违约行为，损害对方人格权并造成严重精神损害，受损害方选择请求其承担违约责任的，不影响受损害方请求精神损害赔偿。

十五、强行霸座不合道德，更不合法

案情介绍

大学生林某在乘坐从沈阳开往北京的动车时，其购买的乘座被一中年男子张某霸占，张某认为自己购买的硬座不舒服，于是坐在林某软座的位置上。

林某在确认自己座位无误后，好言提醒张某坐错位置，请其离开座位。

看到林某是一个弱小女生后，张某不仅不把座位还给林某，态度极其傲慢地说："谁规定的一定要对号入座？你去我的座位去吧，要么就去餐车那坐着，要么就站着，这个座位我先来的是我的！"

无奈之下，林某找到乘务员帮其解决，乘务员跟随林某来到其车厢，对张某进行劝告。劝告无果后，乘务员找来了车长和乘警，强行将张某带回其自己的座位处。

那么，本案中张某的霸座行为合法吗？

法律分析

在本案中，林某、张某与铁路公司之间通过购票，订立了客运合同。"对号入座"是乘客应该履行的合同义务，霸座者张某不按约定乘坐，是违约行为。霸占林某座位更是侵犯了林某对座位的使用权，使林某购买了车票但是不能"落座"，是一种侵权行为。

铁路公司作为运输合同的一方当事人，也有义务维护正常的运输秩序，劝告霸座人按号入座。根据《民法典》第八百一十五条的规定，张某应当按照有效客票记载的时间、班次和座位号乘坐，其"霸座"行为是不合法的。

相关法规

《民法典》第八百一十五条　旅客应当按照有效客票记载的时间、班次和座位号乘坐。旅客无票乘坐、超程乘坐、越级乘坐或者持不符合减价条件的优惠客票乘坐的，应当补交票款，承运人可以按照规定加收票款；旅客不支付票款的，承运人可以拒绝运输。

实名制客运合同的旅客丢失客票的，可以请求承运人挂失补办，承运人不得再次收取票款和其他不合理费用。

十六、遇上吃"霸王餐"的怎么办

案情介绍

王某带着同伴去自家小区附近的西餐厅吃饭，点完餐后，服务员提醒王某，让王某先结账。

王某不乐意地说："我人在这儿，还能不给钱吗？等菜齐了我再结账。"

等到服务员把菜上齐后，再次提醒王某结账时，王某极为不耐烦地说道："催什么催，走的时候再结账！"

饭后，王某同伴先行离去，后来店内客人逐渐多了起来。王某吃完饭发现自己没带钱手机也没电，准备趁服务员不注意时偷偷溜走，意图吃"霸王餐"，被服务员发现并拦下。

王某态度很是蛮横，吵着自己没有带钱，先欠着，下次来再给。

最后，经双方协商，服务员将他的手机押在西餐厅，等王某回家取钱结完账后再取回手机。

那么，在本案中，服务员有权扣押王某的手机吗？

法律分析

根据《民法典》第一千一百七十七条规定了自助行为，当合法权益受到侵害，情况紧迫且不能及时获得国家机关保护，不立即采取措施将使合法权益受到难以弥补的损害的，受害人可以在必要范围内，采取扣留侵权人的财物等合理措施，但是应当立即请求有关国家机关处理。

所以，在本案中，面对王某准备偷偷溜走，情况紧迫，服务员将其拦住，避免遭受对方"霸王餐"带来的经济损失。事后双方又协商达成暂扣侵权人财物的合理措施，有利于及时有效地解决纠纷，西餐厅依法有权暂扣吃"霸王餐"消费者的财物。

相关法规

《民法典》第一千一百七十七条　合法权益受到侵害，情况紧迫且不能及时获得国家机关保护，不立即采取措施将使其合法权益受到难以弥补的损害的，受害人可以在保护自己合法权益的必要范围内采取扣留侵权人的财物等合理措施；但是，应当立即请求有关国家机关处理。

受害人采取的措施不当造成他人损害的，应当承担侵权责任。

十七、一不小心"好心办坏事"，需要赔偿吗

案情介绍

赵某与钱某二人在工作中结识。2020年8月某日中午，钱某驾驶三轮电动

车，行驶至一坡路附近时，看到赵某正推行三轮电动车上坡。赵某年近70岁，此时又正值正午，推行非常吃力，钱某见此情形，提出帮忙拉一下，赵某同意了。

钱某在征得赵某同意后，利用绳子做牵引，钱某驾驶其自己的三轮电动车在前拖行周某的三轮电动车。途中，为避让对向车辆，导致赵某三轮车侧翻，赵某也因此受伤，花费医药费3万元左右，经鉴定构成十级伤残。

赵某向人民法院提起诉讼，请求钱某赔偿医药费、误工费等费用共计12万元。钱某倍感委屈，直呼帮忙还帮错了吗？

法律分析

在本案中，钱某与赵某在工作中认识，在赵某年迈推车上坡吃力的情形下，钱某未收取任何报酬帮助赵某的行为，属于好意施惠。即通常人们所说的助人为乐，这种行为是值得学习和肯定的。

钱某在征得赵某同意下，且钱某自己已经60多岁还用电动三轮车牵引赵某车辆，该牵引行为违反交通法规，存在安全隐患，但赵某作为成年人也应预见到此行为存在风险。

后钱某因避让车辆未确保安全驾驶导致车辆侧翻赵某受伤，对于此后果，钱某在主观上不是故意或重大过失。参考《民法典》第一千二百一十七条的规定，非营运机动车发生交通事故造成无偿搭乘人损害，属于该机动车一方责任的，应当减轻其赔偿责任。因此，钱某系好意帮助他人，对于所造成的损失，应当酌情减轻赔偿责任。

在帮助他人的同时务必要尽到必要的保护、注意义务，确保他人和自身安全，不要"好心办坏事"，使自己陷入尴尬的境地！

第五章　民法篇

> **相关法规**
>
> 《民法典》第一千二百一十七条　非营运机动车发生交通事故造成无偿搭乘人损害，属于该机动车一方责任的，应当减轻其赔偿责任，但是机动车使用人有故意或者重大过失的除外。

十八、婚礼录像被婚庆公司弄丢了，可以索要精神赔偿吗

案情介绍

2021年5月27日，是小楠和小蓓结婚的大喜的日子，为了记录下这一永生难忘的时刻，二人于2020年年底就与一家婚庆公司签订了婚礼服务合同。合同约定：婚庆公司在婚礼当天提供主持、摄影、摄像、鲜花、场地等服务，婚庆公司还要配备摄影、摄像师及设备，总费用1万元，其中摄影服务为1200元。

婚礼如期举行，婚庆公司也如约为他们提供了主持、摄像、鲜花等服务，但婚礼结束后，婚庆公司却一直没有将婚礼现场的摄影光盘交付给小楠和小蓓。夫妻俩多次催讨，婚庆公司仍迟迟不肯交付，直到夫妻二人到婚庆公司索要，才被告知摄影视频已损坏，无法制作光盘。

本想留下一份值得一辈子回味与珍藏的记忆，却被婚庆公司告知摄影内容遗失并且无法恢复。那么，夫妻二人该如何维权？

法律分析

本案中，该婚庆公司除了摄影光盘无法交付外，其余服务均已完成。在

没有异议的情况下，该婚庆公司应当返还摄影部分的服务费1200元。

同时，摄影资料记载了小楠和小蓓夫妻俩人生中的重要时刻，且婚礼过程是不可重复和再现的。婚庆公司没有按照双方约定将摄影光盘交付，造成记录婚礼现场场景的载体永久性灭失，已经构成违约行为。

该违约行为亦侵犯了二位新人对其具有人格象征意义的特定纪念物品的所有权，对夫妻二人造成精神上的伤害，所以，夫妻二人可以在合理的范围内，要求婚庆公司赔偿其摄影部分的服务费以及精神损害抚慰金。

相关法规

《最高人民法院关于确定民事侵权精神损害赔偿责任若干问题的解释》第四条 具有人格象征意义的特定纪念物品，因侵权行为而永久性灭失或者毁损，物品所有人以侵权为由，向人民法院起诉请求赔偿精神损害的，人民法院应当依法予以受理。

十九、酒桌上劝酒致他人死亡，要担责吗

案情介绍

2019年5月某日晚，蓝某与红某、橙某等6人在A市阳光饭店喝酒，席间红某、橙某等人不停对蓝某劝酒。最终，蓝某被灌得当场趴在了桌上，手脚瘫软、小便失禁，而其余人在继续喝了一会儿后各自离开了。第二天，蓝某被发现猝死在酒店的房间里。经法医鉴定，蓝某死亡系急性酒精中毒身亡。

事后，蓝某家人将同桌饮酒的红某等5人诉至人民法院，请求给付死亡赔偿金等费用。

那么，在本案中，蓝某家人的诉讼请求会得到法院支持吗？

法律分析

在本案中，红某、橙某等人不停对蓝某劝酒，蓝某是完全民事行为能力人，应根据自己的身体情况酌量饮酒，而蓝某喝的手脚瘫软、小便失禁，其本身也存在重大过错。但在蓝某已经失去自己的控制能力，无法支配自己的行为时，根据《民法典》的规定，共同饮酒人在饮酒过程中对其他饮酒人负有提醒、劝阻和通知的义务，对醉酒者负有看护、照顾和护送的义务。但是几人并未尽到对蓝某进行安全的照顾义务，而是各自离去，从而导致无人看管的蓝某酒后去了酒店，结果猝死在酒店中，其余劝酒人也有相应的过错。

根据《民法典》第一千一百六十五条的规定，行为人因过错侵害他人民事权益造成损害的，应当承担侵权责任。但是蓝某是完全行为能力人，能控制自己的饮酒量，因此在此种情况下，蓝某自己视情况也应当自行承担50%的责任，其余等人承担20%至5%不等的赔偿责任。

通常而言，共同饮酒行为属于情谊行为，不属于法律调整的范围，多数情况下应由发生人身损害的饮酒人自负损失，但是除了上文提到的未将醉酒者安全送达外。明知他人因身体不适等原因不能或不宜大量饮酒仍强行劝酒的、明知酒后驾车、游泳、剧烈运动而没有加以阻止的等情况，根据《民法典》的规定，共同饮酒人也应当承担相应的赔偿责任。

相关法规

《民法典》第一千一百六十五条　行为人因过错侵害他人民事权益造成损害的，应当承担侵权责任。

依照法律规定推定行为人有过错，其不能证明自己没有过错的，应当承担侵权责任。

二十、使用AI换脸技术伪造他人的脸进行恶搞，是否侵权

案情介绍

一日，小吴趁同事小腾睡觉的时候偷拍了一张小腾的照片，并在网上将小腾的照片进行了P图恶搞，然后发在了某个群里。其他同事在看到后给小腾看了小吴发在群里的视频，小腾很气愤，且因小吴将视频发在了群里，其视频在朋友圈和其他群里流传，导致部分人对小腾有了不好的看法。

小腾找到小吴，责怪小吴没有经过他的同意把他的照片发在群里，其视频中的话也根本不是小腾说的，小吴这样的恶搞行为是不对的。

小吴对此回应，他就是用电脑合成了一下，开个玩笑，没必要这么认真。

那么，本案中小吴的行为合法吗？

法律分析

在本案中，小吴的行为不合法，因为他侵犯了小腾的肖像权。根据《民法典》第一千零一十八条的规定，自然人享有肖像权，同时根据《民法典》第

一千零一十九条的规定，任何组织或者个人不得以丑化、污损，或者利用信息技术手段伪造等方式侵害他人的肖像权。未经肖像权人同意，不得制作、使用、公开肖像权人的肖像，但是法律另有规定的除外。未经肖像权人同意，肖像作品权利人不得以发表、复制、发行、出租、展览等方式使用或者公开肖像权人的肖像。

小吴在未经过小腾同意的情况下，利用AI人工智能技术手段将视频中的人物更换为小腾的面容进行恶搞，并在群内传播，其行为已经侵犯了小腾的肖像权。

相关法规

《民法典》第一千零一十八条　自然人享有肖像权，有权依法制作、使用、公开或者许可他人使用自己的肖像。

肖像是通过影像、雕塑、绘画等方式在一定载体上所反映的特定自然人可以被识别的外部形象。

《民法典》第一千零一十九条　任何组织或者个人不得以丑化、污损，或者利用信息技术手段伪造等方式侵害他人的肖像权。未经肖像权人同意，不得制作、使用、公开肖像权人的肖像，但是法律另有规定的除外。

未经肖像权人同意，肖像作品权利人不得以发表、复制、发行、出租、展览等方式使用或者公开肖像权人的肖像。

财产纠纷

一、借给朋友的钱四年后可以要回来吗

案情介绍

梦梦生下孩子后由其独自抚养,之后且也没有找到合适的工作。

2021年3月,梦梦突然想到,朋友蝶蝶曾向自己借过2万元,原本约定于2017年5月还。而在2019年6月7日,梦梦曾经向蝶蝶索要过这笔欠款,蝶蝶回复其说她暂时没有钱还款,用钱很紧张,希望其能再缓一缓。并且蝶蝶表示这笔钱她一定会还的,两个人这么多年的交情这点信任还是应该有的,让梦梦一定要相信她,给她点时间。之后梦梦也就没有再催蝶蝶还款。

如今,梦梦拿着借条向蝶蝶索要这笔钱款时,蝶蝶表示早就过了诉讼时效,这钱也不用还了。梦梦无奈之下,诉至人民法院。

法律分析

根据《民法典》第一百八十八条的规定,向人民法院请求保护民事权利的诉讼时效期间为3年。法律另有规定的,依照其规定,同时第一百九十五条规定了四种诉讼时效中断的情形分别为:权利人向义务人提出履行请求的;义务人同意履行义务;权利人提起诉讼或者申请仲裁;与提起诉讼或者申请仲裁具有同等效力的其他情形。

在本案中，梦梦曾在3年的诉讼时效期间内，向蝶蝶索要欠款，并且蝶蝶允诺梦梦，会过段时间还钱，诉讼时效因此而中断。诉讼时效中断后重新开始计算诉讼时效期间，即从2019年6月7日起重新计算3年诉讼时效期间，而2019年6月7日至2021年3月并未超出3年。因此，梦梦可以依法维护自己的合法权利。

相关法规

《民法典》第一百八十八条　向人民法院请求保护民事权利的诉讼时效期间为三年。法律另有规定的，依照其规定。

诉讼时效期间自权利人知道或者应当知道权利受到损害以及义务人之日起计算。法律另有规定的，依照其规定。但是，自权利受到损害之日起超过二十年的，人民法院不予保护，有特殊情况的，人民法院可以根据权利人的申请决定延长。

《民法典》第一百九十五条　有下列情形之一的，诉讼时效中断，从中断、有关程序终结时起，诉讼时效期间重新计算：

（一）权利人向义务人提出履行请求；

（二）义务人同意履行义务；

（三）权利人提起诉讼或者申请仲裁；

（四）与提起诉讼或者申请仲裁具有同等效力的其他情形。

二、"亡者"归来，能否要回属于自己的财产

案情介绍

蓝蓝和红红结婚后，生活幸福并育有一子，但几年后，蓝蓝与其工作搭档橙橙存在婚外恋关系。

一天下班后，二人吃完晚饭在江边散步时，橙橙因不满蓝蓝没有离婚的想法与其发生争执。争执中蓝蓝没有注意脚下的路，一脚踩空后落入水中，被水冲走。

在蓝蓝落水5年后，蓝蓝和红红的共同债务债权人小青，持蓝蓝签字的借条来要求红红还款，红红以意外事件为由向人民法院宣申请告蓝蓝死亡。

在法院宣告蓝蓝死亡后，红红用夫妻共同财产偿还蓝蓝的债务。蓝蓝的父母感恩红红的付出，将蓝蓝所有遗产都留给了这个儿媳妇，二人的孩子由蓝蓝的弟弟收养，红红与他人重新结合组成家庭。

没想到的是，两年以后，蓝蓝回来了，红红得知后明确表示自己已经再婚，不会再与蓝蓝生活，并且把偿还小青借款的事告知了蓝蓝。令人意外的是，蓝蓝发现小青出具的借条，被其篡改了，导致红红当时多给了小青9万元。

之后蓝蓝向法院申请撤销自己的死亡宣告，并起诉小青，要求其归还财产并支付利息。

那么，本案中，蓝蓝的诉讼请求法院会支持吗？

法律分析

根据《民法典》第五十三条的规定，被撤销死亡宣告的人有权请求取得其

财产的民事主体返还财产或给予适当补偿，而申请人隐瞒真实情况致使他人被宣告死亡而取得其财产的，除返还财产外还应赔偿造成的损失。

在本案中，小青私自篡改与蓝蓝签订的借条，甚至以此强迫红红同意去法院申请宣告蓝蓝死亡，这种行为是不道德的。因此，小青除应返还其获得的本金外，还应当赔偿蓝蓝的损失。至于其他人获得的蓝蓝财产份额，应返还给蓝蓝，已经处理的财产可以折价补偿。因此，蓝蓝的请求会得到法院的支持。

相关法规

《民法典》第五十三条 被撤销死亡宣告的人有权请求依照本法第六编取得其财产的民事主体返还财产；无法返还的，应当给予适当补偿。

利害关系人隐瞒真实情况，致使他人被宣告死亡而取得其财产的，除应当返还财产外，还应当对由此造成的损失承担赔偿责任。

三、购买的商品房70年产权到期后怎么办

案情介绍

刘爷爷老家的房子还有几年产权就到期了，一天，刘爷爷在电视上看法制频道播出的节目了解到，住宅土地使用权期限最长为70年。一想到自己家的老房子还有几年产权就到期了，便陷入焦虑之中。

一日，刘爷爷去楼下散步，脑袋里还想着老房子的事情，没留神撞上了邻居胖虎。胖虎发现刘爷爷最近气色不好，就问他怎么了，刘爷爷唉声叹气

地对其说，自己家的老房子还有几年产权就要到期了。

本案中，刘爷爷房子产权到期后，房子还归刘爷爷吗？

法律分析

其实，居民购买房屋实际上取得了两个权利，一是房屋的所有权，二是房屋所占用范围内的土地使用权。房屋所有权是没有期限的，但住宅的建设用地使用权最长是70年，也就是通常所说的"70年产权"。根据《民法典》第三百五十九条条的规定，住宅建设用地使用权期限届满的，自动续期。

在本案中，刘爷爷家的房子产权到期后，自动续期，房子依旧归刘爷爷。

此外，《民法典》将建设用地的使用权分为住宅建设用地和非住宅建设用地，对于住宅建设用地使用权届满后，无须申请自动续期。但是，对于非住宅建设用地，根据《民法典》第三百五十九条的规定，在到期一年前由土地使用者申请续期，除根据社会公共利益需要收回该土地的，应当予以批准。

相关法规

《民法典》第三百五十九条　住宅建设用地使用权期限届满的，自动续期。续期费用的缴纳或者减免，依照法律、行政法规的规定办理。

非住宅建设用地使用权期限届满后的续期，依照法律规定办理。该土地上的房屋以及其他不动产的归属，有约定的，按照约定；没有约定或者约定不明确的，依照法律、行政法规的规定办理。

生活与住房

一、住一楼也要交电梯费吗

案情介绍

蒋阿姨是幸福小区一楼的住户，但物业仍要求蒋阿姨每月缴纳电梯费，蒋阿姨觉得十分委屈。他们家在一楼，根本不需要乘用电梯，甚至蒋阿姨因为家中没有汽车也未曾去过地下一层停车库。

因此，蒋阿姨总是四处诉苦，白白交了电梯费用。

那么，住在小区一楼的蒋阿姨到底需不需要交纳电梯费呢？

法律分析

根据《民法典》第二百七十三条的规定，业主对建筑物专有部分以外的共有部分，享有权利，承担义务；不得以放弃权利为由不履行义务。

本案中，蒋阿姨小区的电梯属于建筑物的附属设施，属于小区共有部分。电梯的有无及使用性能的好坏，对建筑物本身的价值有重要影响，关系到对应建筑物全体业主的利益。

因此，电梯费用应由全体业主按照约定或者有关规定承担，即使住在小区一楼，不使用电梯，蒋阿姨也需要交纳电梯费。

相关法规

《民法典》第二百七十三条　业主对建筑物专有部分以外的共有部分，享有权利，承担义务；不得以放弃权利为由不履行义务。

业主转让建筑物内的住宅、经营性用房，其对共有部分享有的共有和共同管理的权利一并转让。

二、抵押过的房屋可以卖吗

案情介绍

王东是一个小型企业的老板，因为生意需要资金流动。2019年10月份，向当地的张北借了50万元，约定2021年8月还钱。王东向张北保证自己能够还钱，并把自己的住房进行了抵押，且进行了登记。

按照王东的经营情况，按计划2019年底可以通过企业盈利把钱还上，可是到年底时碰上了特殊的形势，经济萎缩，王东的企业也受影响，不但还不上钱，企业还很难维持下去。于是，王东就想向张北再借一点，张北表示自己没有多余的钱了，不能再借。

王东没有办法，只好和张北商量把自己抵押给他的房子卖掉，好歹也能卖200万元左右，用来帮助企业渡过难关，也为将来还债创造条件。可张北认为，只要自己手握房屋抵押权就很牢靠，等还钱的日期一到，王东如果不还钱，拍卖房屋抵债就好，现在王东把房子卖了，自己的债权又没有到期无法还债，万一王东拿着钱再投入企业亏损了怎么办？那自己的50万元借款不是打水漂了吗？张北坚决不同意把抵押的房屋卖掉！

那么，在本案中，张北不同意王东卖房，王东可不可以卖？

⚖️ 法律分析

根据《民法典》第四百零六条的规定，在抵押期间，除非有特别规定，抵押人可以不经过抵押权人同意，直接出卖抵押物。王东陷入企业资金周转不开又借不到钱的困境，王东想卖房渡过难关，可以不经过张北同意直接卖房子，但是需要通知抵押权人张北。

此时，抵押权人对抵押物的抵押权有追及效力，如果抵押权人张北能够证明抵押权人王东出卖抵押物会对自己的债权有不利消极影响的，可以提出出卖抵押物的物上请求权，可以追到新的买主那里，作为债权人张北可以拍卖该房子。

🔨 相关法规

《民法典》第四百零六条　抵押期间，抵押人可以转让抵押财产。当事人另有约定的，按照其约定。抵押财产转让的，抵押权不受影响。

抵押人转让抵押财产的，应当及时通知抵押权人。抵押权人能够证明抵押财产转让可能损害抵押权的，可以请求抵押人将转让所得的价款向抵押权人提前清偿债务或者提存。转让的价款超过债权数额的部分归抵押人所有，不足部分由债务人清偿。

三、承租人有权转租房屋吗

案情介绍

葛某将位于某大学城内的门面房出租给邹某使用,双方约定租期为2年,每年的租金为5万元,每半年交纳一次。合同中还约定,如果租赁期间欲转租需经出租人同意。

房屋交付后,邹某自行经营了一家奶茶店。

有一天,张某收取当期租金时途径店铺,发现奶茶店改为甜品店,遂与店员交谈,得知更换了老板。葛某心生不快,但考虑到邹某按时交纳房屋租金并未拖延,店铺也没有进行大规模改造,没有追究。

8个月后,葛某延期十余天交纳当期租金,且二人因为租金延期问题发生矛盾。葛某通知邹某,其擅自转租房屋并没有经过他的同意,欲以此为由解除合同,限期邹某搬离。邹某拒绝,双方协商未果,葛某诉至法院。

法律分析

根据《民法典》第七百一十六条第二款规定,承租人未经出租人同意转租的,出租人可以解除合同。邹某在未经葛某同意下,擅自转租房屋的行为是不合法的,此时葛某是有权以此为由解除合同,但是葛某因考虑到邹某交纳房屋租金未拖延等因素,并没有追究。八个月后,二人因租金延期问题发生矛盾,葛某以邹某未经其同意转租为由,要求解除房屋合同。

根据《民法典》第七百一十八条的规定,当出租人知道或应当知道承租人转租之日起六个月内未提出异议的,视为出租人同意转租,葛某在知道邹某存在转租行为六个月内未行使合同解除权，此时应视为葛某同意该转租行为，故葛某请求法院判决解除其二人房屋租赁合同、要求邹某限期搬离房屋的诉求很难得到人民法院的支持。

相关法规

《民法典》第七百一十六条　承租人经出租人同意，可以将租赁物转租给第三人。承租人转租的，承租人与出租人之间的租赁合同继续有效；第三人造成租赁物损失的，承租人应当赔偿损失。

承租人未经出租人同意转租的，出租人可以解除合同。

《民法典》第七百一十八条　出租人知道或者应当知道承租人转租，但是在六个月内未提出异议的，视为出租人同意转租。

四、租住的房子在承租期内售出，怎么办

案情介绍

蓝蓝大学毕业后，选择留在北京打拼，遂在公司附近租了一套房子，开始了为梦想打拼的生活。

三个月后的一天，突然有人前来敲门声称是房子的新主人，要求蓝蓝搬离，说是此房子已被原来的房东卖掉了。蓝蓝向其说明自己与原来的房东签订了为期三年的租赁合同，考虑到离公司便利加上周围房源紧张，蓝蓝不愿搬离，二人为此发生争执。

那么，蓝蓝是否必须要搬走？她能否继续租住在被卖掉的房子内？

法律分析

在本案中，蓝蓝按照与原房东签订的房屋租赁合同履行了支付租金的义务，依法享有承租房屋的权利，即使原房东在之后把房子卖与他人。根据《民法典》第七百二十五条规定，租赁物在承租人按照租赁合同占有期限内发生所有权变动的，不影响租赁合同的效力。

蓝蓝与原房东的租赁关系在买卖关系成立之前确定，虽然房屋被出售，房主发生变化，但之前约定的租赁协议依然有效，房屋所有权人不能用其房屋所有权对抗承租人蓝蓝的房屋使用权。

不过，房屋所有权人可以要求蓝蓝支付租金，蓝蓝仍能继续承租原来的房屋，这便是民法上的"买卖不破租赁"原则。

相关法规

《民法典》第七百二十五条　租赁物在承租人按照租赁合同占有期限内发生所有权变动的，不影响租赁合同的效力。

五、设立居住权，切记订立书面合同并登记

案情介绍

蓝蓝和红红结婚后育有一子蓝大，但因两人婚后矛盾不断，二人协商离婚，并协议蓝大由蓝蓝抚养。二人共同购买幸福小区1栋301房屋也归蓝蓝所有，蓝蓝承诺蓝大可随他共同生活在该房子内。

后蓝蓝与橙橙再婚并对房屋进行了产权变更，婚后，橙橙将蓝大赶出家门，不让其在该房屋内居住。

为了维护自己的合法权益，蓝大诉至人民法院，请求确认其对该房屋享有居住权。

那么，本案中，蓝大的诉讼请求会得到法院的支持吗？

法律分析

居住权是指对他人所有的住房极其附属设施占有、使用的权利，其解决的是"房子不归你，但是你能住"的问题。

在本案中，蓝蓝和红红签订的离婚协议书中约定蓝大由蓝蓝抚养，该房子也归蓝大所有，蓝蓝和红红在进行财产分割时没有为蓝大设立相应的权利。蓝蓝虽承诺蓝大可以在该房中居住，但是该承诺是蓝蓝作为蓝大监护人应当履行的法定监护义务，并非是法律上的居住权。

蓝蓝和橙橙结婚后对该房屋进行了产权变更，蓝大也并没有与现房屋所有权人蓝蓝和橙橙签订书面合同，也未向登记机构办理登记。根据《民法典》第三百六十七条、三百六十八条的规定，设立居住权，当事人应当采用书面

167

形式订立居住权合同并向登记机构申请居住权登记。

因此，蓝大要求确认对该房屋享有居住权，没有权力基础，不符合《民法典》中关于居住权的规定，所以蓝大的诉讼请求不会得到人民法院的支持。

相关法规

《民法典》第三百六十七条　设立居住权，当事人应当采用书面形式订立居住权合同。

居住权合同一般包括下列条款：

（一）当事人的姓名或者名称和住所；

（二）住宅的位置；

（三）居住的条件和要求；

（四）居住权期限；

（五）解决争议的方法。

《民法典》第三百六十八条　居住权无偿设立，但是当事人另有约定的除外。设立居住权的，应当向登记机构申请居住权登记。居住权自登记时设立。

其他违法行为

一、代孕合同有效吗

案情介绍

钱某因怕生育影响身材，委托张某为其寻找代孕女士，代替其怀孕产子。

2019年7月19日，钱某与张某签订关于委托事项的书面协议一份，约定由张某负责为钱某寻找代孕女士，并对代孕女士及其生产安排及费用作出约定，双方在协议书落款处签字并按手印。

签订协议当日，钱某向张某银行账户汇款人民币3万元作为定金，收到该款项后，张某未能按照约定完成钱某委托事项。之后钱某多次向张某催要，让其归还3万元，但张某一直未归还。2010年6月，钱某将张某诉至人民法院，要求张某返还其已支付的3万元定金。

法律分析

在本案中出现的委托合同是委托人和受托人约定，由受托人处理委托人事务的合同。根据《民法典》的规定，民事主体从事民事活动，不得违反法律、行政法规的强制性规定，不得违背公序良俗。

钱某让张某为其联系代孕女士一事，有悖公序良俗，二人签订的协议书涉及的委托代孕事项是为我国目前法律禁止的事项。由此，二人之前的委托合同系无效合同。因无效合同取得的财产，应当予以返还。

相关法规

《民法典》第八条 民事主体从事民事活动,不得违反法律,不得违背公序良俗。

《民法典》第一百五十三条 违反法律、行政法规的强制性规定的民事法律行为无效。但是,该强制性规定不导致该民事法律行为无效的除外。

违背公序良俗的民事法律行为无效。

《民法典》第一百五十五条 无效的或者被撤销的民事法律行为自始没有法律约束力。

《民法典》第一百五十七条 民事法律行为无效、被撤销或者确定不发生效力后,行为人因该行为取得的财产,应当予以返还;不能返还或者没有必要返还的,应当折价补偿。有过错的一方应当赔偿对方由此所受到的损失;各方都有过错的,应当各自承担相应的责任。法律另有规定的,依照其规定。

二、14周岁的孩子签订的合同是否有效

案情介绍

唐五今年14周岁,是一个网络编程奇才。"史莱克"游戏公司与唐五签订了委托合同,授权唐五作为史莱克游戏公司的技术顾问,购买网游的软件。

事后,唐五父母表示,如果在不耽误唐五学习的情况下,就同意唐五做这件事。

那么，唐五与史莱克公司签订的合同是否有效？

法律分析

在本案中，唐五14周岁，根据《民法典》第十九条的规定，唐五是限制民事行为能力人，其与史莱克公司签订的合同未事先经过其法定代理人即其父母的同意。唐五与史莱克公司订立合同之事，既不属于纯获利益的合同，与其行为能力也不相适应。14周岁的孩子并不能完全理解合同条款事宜，所以该份合同属于效力待定的合同。

限制民事行为能力人实施法律行为的需要由其法定代理人代理或者经其法定代理人同意、追认才有效。因此，在其父母表示如不耽误学习就同意的情况下，属于事后同意，此时效力待定的合同成为有效合同，合同效力自合同订立时生效。

相关法规

《民法典》第十九条 8周岁以上的未成年人为限制民事行为能力人，实施民事法律行为由其法定代理人代理或者经其法定代理人同意、追认；但是，可以独立实施纯获利益的民事法律行为或者与其年龄、智力相适应的民事法律行为。

三、未成年时遭性侵，在成年后还能起诉吗

案情介绍

小梅15周岁，出生在农村，其父母常年在外打工，小梅由其祖父母抚养。同村有一名37岁的单身汉叫王二，王二通过诱骗的方式使小梅与其发生性关系，由于祖父母顾及小梅名声，怕此事传出去毁了小梅的一生，故没有声张。小梅自此件事后，便开始独来独往，很少与人接触。

小梅学习一直很勤奋，18岁时考上了外地的一所大学，其学校里的辅导员韦某在发现小梅一直独来独往、很少与人交谈后，于某日下午约小梅与其进行谈心。韦某是一名男性辅导员，小梅在与其对话时被吓得说不出话，这种异样行为引起韦某的注意。韦某帮小梅预约了学校的心理健康老师，在辅导员和心理健康老师的关心下，小梅终于敞开心扉，哭着说出埋在心里的秘密。两位老师知道后鼓励小梅向法院起诉，要求王二赔偿其损失。

那么，本案中的小梅此时还可以起诉王二，要求其予以损害赔偿吗？

法律分析

根据《民法典》第一百八十八条、第一百九十一条的规定，受侵害人小梅向人民法院请求保护民事权利的诉讼时效期间为3年。但由于小梅是未成年人，未成年人遭受性侵害的损害赔偿请求权的诉讼时效期间，自受害人年满18周岁之日起计算。

因此，小梅向法院起诉王二赔偿性侵造成损害的诉讼时效，是从小梅年满18周岁之日起计算，直至小梅年满21周岁。在此期间，小梅都可以向法院

起诉王二，通过法律途径主张自己的权利。

相关法规

《民法典》第一百八十八条　向人民法院请求保护民事权利的诉讼时效期间为三年。法律另有规定的，依照其规定。

诉讼时效期间自权利人知道或者应当知道权利受到损害以及义务人之日起计算。法律另有规定的，依照其规定。但是，自权利受到损害之日起超过二十年的，人民法院不予保护，有特殊情况的，人民法院可以根据权利人的申请决定延长。

《民法典》第一百九十一条　未成年人遭受性侵害的损害赔偿请求权的诉讼时效期间，自受害人年满十八周岁之日起计算。

四、非法买卖个人信息，是违法行为，严重的还会坐牢

案情介绍

奇某是一家房产中介的老板，2019年7月中旬，奇某觉得业务发展太缓慢，收入不是很可观。为了拓展业务，增加中介的业务交易量，奇某以5000元的价格向路某购买了19000多条公民的个人信息，其中包括多个小区业主的姓名、电话、房产等信息。后来，奇某又将这些信息转手以3000元的价格提供给了隆某。

2020年5月，奇某因侵犯公民个人信息罪被人民法院判处有期徒刑一年，

缓刑一年六个月，并处罚金人民币12000元。

法律分析

根据《民法典》第一百一十一条的规定，自然人的个人信息受法律保护，不得非法收集、使用、加工、传输他人个人信息，不得非法买卖、提供或者公开他人个人信息。同时，在《民法典》第一千零三十四条明确规定了个人信息的范围，因此买卖个人信息属于违法行为。

在本案中，奇某非法获取并出售业主姓名、电话、房产等信息达到5000条以上。根据《刑法》第二百五十三条的规定，违反国家有关规定，向他人出售或者提供个人信息，处三年以下有期徒刑或者拘役，并处或者单处罚金；情节特别严重的，处三年以上七年以下有期徒刑，并处罚金，奇某的行为构成侵犯公民个人信息罪。

奇某的行为不但侵犯了公民个人信息权，同时还触犯了《刑法》，最终受到了刑事处罚。

相关法规

《民法典》第一百一十一条　自然人的个人信息受法律保护。任何组织或者个人需要获取他人个人信息的，应当依法取得并确保信息安全，不得非法收集、使用、加工、传输他人个人信息，不得非法买卖、提供或者公开他人个人信息。

《民法典》第一千零三十四条　自然人的个人信息受法律保护。

个人信息是以电子或者其他方式记录的能够单独或者与其他信息结合识别特定自然人的各种信息，包括自然人的姓名、出生日期、身份证件号码、生物识别信息、住址、电话号码、电子邮箱、健康信息、行踪信息等。

个人信息中的私密信息，适用有关隐私权的规定；没有规定的，适用有关个人信息保护的规定。

《刑法》第二百五十三条（一）违反国家有关规定，向他人出售或者提供公民个人信息，情节严重的，处三年以下有期徒刑或者拘役，并处或者单处罚金；情节特别严重的，处三年以上七年以下有期徒刑，并处罚金。

违反国家有关规定，将在履行职责或者提供服务过程中获得的公民个人信息，出售或者提供给他人的，依照前款的规定从重处罚。

窃取或者以其他方法非法获取公民个人信息的，依照第一款的规定处罚。

单位犯前三款罪的，对单位判处罚金，并对其直接负责的主管人员和其他直接责任人员，依照各该款的规定处罚。

五、完成公开悬赏广告后，对方拒付报酬怎么办

案情介绍

老张在某法院申请强制执行，但因无法查找到被执行人小兰，特通过某公众平台提出如果有人能够查找到小兰的具体位置，老张愿支付现金5000元。

后小孙在幸福小区遇到被执行人小兰，当即将该线索提供给申请执行人老张。但老张以执行案件还未执行完结为由，拒绝向小孙支付该报酬。

那么，在本案中，小孙是否有权要求老张支付其报酬？

法律分析

根据《民法典》第四百九十九条的规定，悬赏人以公开方式声明对完成特定行为的人支付报酬的，完成该行为的人可以请求其支付。

本案中的老张在某公众平台以公开广告的形式许诺向找到小兰位置的人付一定报酬，小孙完成该行为后，享有报酬请求权。如果老张不履行或者不适当履行支付报酬义务，其行为构成违约行为，应当承担违约责任。

相关法规

《民法典》第四百九十九条　悬赏人以公开方式声明对完成特定行为的人支付报酬的，完成该行为的人可以请求其支付。

第六章
诉讼法篇

一、什么是诉讼

在法治社会里，解决矛盾纠纷的方式有和解、调解、仲裁以及诉讼等等。其中，诉讼是解决社会纠纷和冲突的最终方式，它是以国家强制力为后盾来解决争端。

诉讼，通俗来说就是打官司。用法律语言来表达，就是国家公安机关、人民检察院、人民法院在当事人和其他诉讼参与人的参加下，按照法定程序解决各种案件争议的专门活动。

由于诉讼所解决的案件性质不同，诉讼的内容和形式也有所不同，因而，诉讼又分为刑事诉讼、民事诉讼和行政诉讼。民事诉讼，通俗来说就是民告民；刑事诉讼就是官告民；行政诉讼就是民告官。此编重点对比了解刑事诉讼和民事诉讼中的常识。

二、我国刑事诉讼构造特点

我国的刑事诉讼是以职权主义诉讼为底色，杂糅着当事人主义诉讼和本土司法元素的混合式诉讼构造。其特点有三：首先，侦查程序具有一定的强职权主义色彩，也就是说，法官不能介入侦查过程，且对于公安机关的讯问，犯罪嫌疑人必须如实回答，没有沉默权。其次，提起公诉遵循以起诉法定主义为主、起诉便宜主义的原则。当人民检察院认为现有证据足以证明犯罪嫌疑人犯罪时，原则上应当提起公诉；但是对犯罪情节轻微、依照《刑法》规定不需要判处刑罚或者免除刑罚的情况，检察院可以裁量决定不起诉。最后，审判程序呈现出以职权主义为主、以当事人主义为辅的混合色彩。

三、诉讼主体有哪些

（一）刑事诉讼主体

刑事诉讼主体指的是有权参与刑事诉讼活动，在刑事诉讼中享有一定权利并承担一定义务的国家专门机关和诉讼参与人。

我国刑事诉讼主体包括三大类：

一是专门机关，它们主要代表国家行使侦查权、起诉权、审判权、刑罚执行权的机关，包括公安机关、国家安全机关、军队保卫部门、监狱、人民检察院、人民法院等；

二是诉讼当事人，这些主体直接影响诉讼进程并且与诉讼结果有直接利害关系，包括犯罪嫌疑人、被告人、被害人、自诉人、附带民事诉讼的原告人和被告人；

三是其他诉讼参与人，主要是指协助国家专门机关和诉讼当事人进行诉讼活动的人，包括法定代理人、诉讼代理人、辩护人、证人、鉴定人和翻译人员等。

（二）民事诉讼主体

民事诉讼主体，指的是参与民事诉讼活动的当事人。在民事诉讼中，诉讼主体是人民法院、原告、被告和第三人。通常所提到的民事诉讼主体，是指诉讼当事人，就是我们常说的原告、被告、第三人以及上诉案件中上诉人、被上诉人。

根据《中华人民共和国民事诉讼法》第四十八条的规定，公民、法人和其他组织可以作为民事诉讼的当事人。法人由其法定代表人进行诉讼。其他组织由其主要负责人进行诉讼。其中，要求当事人必须拥有诉讼权利能力和诉讼行为能力，具体是指当事人能够成为民事诉讼当事人，能够享有民事权利、履行民事义务，能够亲自参加诉讼行使诉讼权利、承担诉讼义务。

四、在诉讼中，如何申请回避

（一）在刑事诉讼中，如何申请回避？

当审判人员、检察人员、侦查人员以及书记员、鉴定员、翻译人员与案件当事人有某种利害关系时，根据法律的规定，不得参加该案诉讼活动。

回避分为自行回避、申请回避和指令回避三种。

1.自行回避是指审判人员、检察人员、侦查人员在诉讼过程中遇有法定回避情形时，主动要求退出刑事诉讼活动的制度。

2.申请回避是指案件当事人及其法定代理人、辩护人、诉讼代理人依法提出申请，符合法定回避情形的审判人员、检察人员、侦查人员等退出诉讼活动的诉讼行为。

3.指令回避是指对自行回避和申请回避的补充，即具有法定回避情形但没有自行回避也没有申请回避，由法定的人员或者组织决定其相关人员退出诉讼活动的诉讼行为。

根据《中华人民共和国刑事诉讼法》第二十九条的规定，具有以下几种情形，审判人员、检察人员、侦查人员应当自行回避，当事人及其法定代理人有权申请审判人员回避：一是本案的当事人或者是当事人的近亲属的，其中本案当事人包括本案的被害人、自诉人、犯罪嫌疑人、被告人、附带民事诉讼的原告人和被告人，当事人的近亲属是指上述人员的夫、妻、父、母、子、女、同胞兄弟姐妹。二是本人或者他的近亲属和本案有利害关系的。三是担任过本案的证人、鉴定人、辩护人、诉讼代理人的，因为此类人员已经了解案情，为防止先入为主，上述人员均应回避；与本案的辩护人、诉讼代理人有近亲属关系的。四是与本案当事人有其他关系，可能影响公正处理案件的，如亲朋、同学、师生等。而存在第四种关系时，可能影响公正处理案件的，才需要回避。

此外，根据《中华人民共和国刑事诉讼法》第三十条的规定，审判人员、检察人员、侦查人员不得接受当事人及其委托人的请客送礼，不得违反规定会见当事人及其委托的人。审判人员、检察人员、侦查人员违反前款规定的，应当依法追究法律责任。当事人及其法定代理人有权要求他们回避。

对于当事人及其法定代理人提出的回避申请，经审查后作出对回避与否决定不服的，当事人及其法定代理人可以复议一次。但如果不是法定回避情形，法庭驳回的不得复议。复议期间，诉讼活动不停止。

（二）在民事诉讼中，如何申请回避？

民事诉讼中的回避制度指的是为了保证案件的公正审判，要求与案件有一定利害关系的审判人员和其他人员，不得参与本案的审判和其他诉讼活动的制度。

回避分为审判人员自行回避、当事人申请回避和院长或审判委员会决定回避。关于当事人申请回避，可以采用口头或者书面的形式申请，应该在案件开始审理时提出，在开始审理后知道回避事由的，可以在法庭辩论终结前提出。回避适用的对象包括审判人员、书记员、翻译人员、鉴定人、勘验人员、执行人员。

根据《中华人民共和国民事诉讼法》第四十四条的规定，审判人员有下列情形之一的，应当自行回避，当事人有权用口头或者书面方式申请他们回避：是本案当事人或者当事人、诉讼代理人近亲属的；与本案有利害关系的；与本案当事人、诉讼代理人有其他关系，可能影响对案件公正审理的。审判人员接受当事人、诉讼代理人请客送礼，或者违反规定会见当事人、诉讼代理人的，当事人有权要求他们回避。审判人员有前款规定的行为的，应当依法追究法律责任。前三款规定，适用于书记员、翻译人员、鉴定人、勘验人。

五、哪些人可以为犯罪嫌疑人、被告人辩护

（一）辩护的种类

根据《中华人民共和国刑事诉讼法》相关的规定，我国辩护的种类有三种，即自行辩护、委托辩护以及法律援助辩护。一是犯罪嫌疑人、被告人可以进行自行辩护，这是其行使辩护权的重要方式，贯穿于刑事诉讼的始终。二是犯罪嫌疑人、被告人可以自己委托辩护人，在押的也可以由其监护人、近亲属代为委托辩护，此处需要注意的是，首先，仅限于监护人或近亲属，亲戚朋友等无权代为委托辩护；其次，关于委托辩护，在犯罪嫌疑人被侦查机关第一次讯问或采取强制措施之日起便有权委托辩护人，但是在侦查期间只能委托律师担任辩护人；最后，被告人有权随时委托辩护人为自己辩护。三是

以犯罪嫌疑人、被告人没有委托辩护人为前提的法律援助辩护,具体分为两种,一种是申请法律援助,犯罪嫌疑人、被告人因经济困难或者其他原因没有委托辩护人的,本人及近亲属可以向法律援助机构提出申请,经审查,符合条件的,法律援助机构应当指派律师为其辩护;另一种是通知法律援助,犯罪嫌疑人、被告人存在以下几种情形,法院应当通知法律援助机构指派律师为其提供辩护:盲、聋、哑人;尚未完全丧失辨认或者控制自己行为能力的精神病人;可能被判处无期徒刑、死刑;未成年人;在境外的缺席被告人;高级法院复核死刑案件,被告人没有委托辩护人的。

(二)哪些人可以担任辩护人?

根据《中华人民共和国刑事诉讼法》第三十三条的规定,犯罪嫌疑人、被告人除自己行使辩护权以外,还可以委托一至二人作为辩护人。

下列人员可以被委托作为辩护人:(一)律师;(二)人民团体或者犯罪嫌疑人、被告人所在单位推荐的人;(三)犯罪嫌疑人、被告人的监护人、亲友。正在被执行刑罚或者依法被剥夺、限制人身自由的人,不得担任辩护人。被开除公职和被吊销律师、公证员执业证书的人,不得担任辩护人,但系犯罪嫌疑人、被告人的监护人、近亲属的除外。

(三)不能担任辩护人的人有哪些?

1.绝对禁止

正在被执行刑罚或者处于缓刑、假释考验期间的人;依法被剥夺、限制人身自由的人;无行为能力或限制行为能力的人;

2.相对禁止

人民法院、人民检察院、监察机关、公安机关、国家安全机关、监狱的现职人员;人民陪审员;与本案审理结果有利害关系的人;外国人或者无国籍人；被开除公职或者被吊销律师、公证员执业证书的人。上述人员如果是被告人的监护人、近亲属，由被告人委托担任辩护人的，经准许后可以担任。

3.职业道德要求：审判人员和法院其他工作人员从法院离任后二年内，检察人员从检察院离任后二年以内，不得以律师身份担任辩护人。审判人员和法院其他工作人员从法院离任后，或者检察人员从检察院离任后，不得担任原任职法院或检察院所办理案件的辩护人。但作为犯罪嫌疑人、被告人的监护人、近亲属进行辩护的除外。

审判人员和法院其他工作人员的配偶、子女或者父母不得担任其任职法院所审理案件的辩护人，但作为被告人的监护人、近亲属进行辩护的除外。检察人员的配偶、子女不得担任该检察人员所任职检察院办理案件的辩护人。

六、民事诉讼中，哪些人可以作为诉讼代理人

诉讼代理人是根据法律规定或当事人委托，代理当事人进行民事诉讼活动的人。包括法定代理人和委托代理人。

（一）法定代理人

法定代理人是指根据法律规定，代理无诉讼行为能力的当事人进行民事活动的人。其代理的权限为全权代理，可以根据自己的意志代理被代理人实施所有诉讼行为，也应当履行当事人所承担的一切诉讼义务，而无须被代理人授权。

（二）委托代理人

委托代理人是指根据当事人、法定代表人或法定代理人的委托，代为进行诉讼活动的人。

其代理权限分为特别授权和一般授权。特别授权是指诉讼代理人代为承认、放弃、变更诉讼请求，进行和解，提起反诉或者上诉，必须有当事人的特别授权；一般授权是指只能行使程序性权利，不得代为承认、放弃、变更诉讼请求，进行和解，提起反诉或者上诉。

（三）哪些人可以作为代理人？

根据《中华人民共和国民事诉讼法》第五十七条的规定，无诉讼行为能力人由他的监护人作为法定代理人代为诉讼。法定代理人之间互相推诿代理责任的，由人民法院指定其中一人代为诉讼。

根据《中华人民共和国民事诉讼法》第五十八条的规定，当事人、法定代理人可以委托一至二人作为诉讼代理人。

下列人员可以被委托为诉讼代理人：律师、基层法律服务工作者；当事人的近亲属或者工作人员；当事人所在社区、单位以及有关社会团体推荐的公民。

（四）委托代理后的法律效果

一是在法律规定范围内，代理人的诉讼行为对被代理人发生效力。二是一般有了委托代理人或者法定代理人后，当事人本人可以不亲自出庭，但离婚案件有诉讼代理人（包括法定代理人和委托代理人）的，本人除不能表达意志外，仍应出庭；确因特殊原因无法出庭的，必须向法院提交书面意见。

七、辩护人——好朋友可以作为自己的辩护人吗

案情介绍

张帅气参加完公司聚会，在开车回家的路上将骑车的王美丽撞伤。

张帅气发现自己撞人之后非常害怕，观察周围没有人，于是张帅气选择开车逃跑。

二十分钟后，李二经过此处发现受伤的王美丽，慌忙拨打120，但王美丽最终因没有得到及时救治而死亡。

经报案后公安机关介入调查，很快将张帅气抓捕归案。之后，检察院提起公诉，张帅气准备在开庭时让自己的好朋友孙富有担任辩护人，那么，张帅气的好朋友孙富有是否可以担任辩护人？

法律分析

本案中，只要不是正在被执行刑罚或者依法被剥夺、限制人身自由的人，就可以担任张帅气的辩护人。所以，孙富有作为张帅气的朋友，自然可以担任张帅气的辩护人。

那么，辩护的种类有哪些？哪些人可以担任辩护人？不能担任辩护人的有哪些？《中华人民共和国刑事诉讼法》第三十三条中已作出规定，参见相关法规中的内容。

相关法规

《中华人民共和国刑事诉讼法》第三十三条 犯罪嫌疑人、被告人除自己行使辩护权以外，还可以委托一至二人作为辩护人。下列的人可以被委托为辩护人：

（一）律师；

（二）人民团体或者犯罪嫌疑人、被告人所在单位推荐的人；

（三）犯罪嫌疑人、被告人的监护人、亲友。

正在被执行刑罚或者依法被剥夺、限制人身自由的人，不得担任辩护人。

被开除公职和被吊销律师、公证员执业证书的人，不得担任辩护人，但系犯罪嫌疑人、被告人的监护人、近亲属的除外。

八、刑事诉讼——拘传和传唤的区别

案情介绍

王某（女）和赵某（男）为同事，二人认识不久之后就确定了恋爱关系。相处3个月后，王某觉得两人不合适便提出分手。赵某非常生气，并因此怀恨在心，之后捏造事实，称王某过去是卖淫女，因该段历史被他发现，王某觉得对不起他才主动要求和他分手。此事在单位闹得沸沸扬扬，人们在背后议论纷纷。

王某觉得自己的名声受到了严重的玷污，于是向人民法院提起自诉，请求以诽谤罪追究赵某的刑事责任。人民法院受理了该自诉案件，并将起诉状副本送达赵某处。接到起诉状副本的赵某恼羞成怒，于当日与王某发生纠缠并企图殴打王某。王某无奈，向公安派出所请求保护。民警小张了解情况后非常气愤，当即决定对赵某进行拘传，将赵某关进了派出所审讯室。第二天下午，小张对赵某进行了审问，在赵某保证不再欺辱王某后将其释放。那么，民警小张的做法正确吗？

法律分析

本案中,民警小张的拘传行为是违法的。拘传持续的时间应根据法律规定,最长不得超过12小时。本案从当日关到次日,已经明显超时。可以确认拘传行为违法。

那么,什么是拘传?在我国刑事诉讼中,拘传和传唤有什么区别?

传唤是一个法律术语,是指司法机关通知诉讼当事人于指定的时间、地点到案所采取的一种措施。

拘传是指侦查机关对未被羁押的犯罪嫌疑人强制其到案接受讯问的一种刑事强制措施。它通常是对经合法传唤拒不到案的犯罪嫌疑人采用,在特殊情况下,不经传唤也可以直接进行拘传。如果犯罪嫌疑人抗拒拘传,侦查人员可以使用戒具。

拘传是公安机关、人民检察院和人民法院对未被羁押的犯罪嫌疑人、被告人,依法强制其到案接受讯问的一种强制措施。拘传是我国刑事诉讼强制措施体系中强制力最轻的一种,公安机关、人民检察院和人民法院在刑事诉讼过程中,均有权决定适用。

那么,二者之间有何区别呢?

首先,传唤的对象是所有诉讼参与人,拘传的对象是对未被羁押的犯罪嫌疑人、被告人。其次,传唤的强制力小于拘传,传唤是自动到案,不具有强制性,但拘传是强制到案,是属于刑事诉讼中的一种强制措施。再次,传唤可以使用传票传唤和口头传唤,但是拘传时需要公检法机关负责人批准,拘传时需要出示拘传证。最后,拘传的地点为犯罪嫌疑人、被告人所在的市、县,一般拘传时间为12小时,案情特别重大、复杂,需要采取拘留、逮捕措施的,拘传的时间不得超过24小时。同时,根据法律的规定,不得以连续拘传的刑事强制措施，变相拘禁违法嫌疑人，两次传唤、拘传的时间间隔不得少于12小时。

> **相关法规**
>
> 《中华人民共和国刑事诉讼法》第一百一十九条 对不需要逮捕、拘留的犯罪嫌疑人，可以传唤到犯罪嫌疑人所在市、县内的指定地点或者到他的住处进行讯问，但是应当出示人民检察院或者公安机关的证明文件。对在现场发现的犯罪嫌疑人，经出示工作证件，可以口头传唤，但应当在讯问笔录中注明。
>
> 传唤、拘传持续的时间不得超过十二小时；案情特别重大、复杂，需要采取拘留、逮捕措施的，传唤、拘传持续的时间不得超过二十四小时。
>
> 不得以连续传唤、拘传的形式变相拘禁犯罪嫌疑人。传唤、拘传犯罪嫌疑人，应当保证犯罪嫌疑人的饮食和必要的休息时间。

九、刑事诉讼——被告人不服一审判决提出上诉会加重刑罚吗

案情介绍

某日，于某（男）和毕某（男）驾驶小车搭载赵某（女）到A市B县某景区停车场内，于某和毕某见赵某长得非常漂亮，心生歹意，动坏脑筋的于某和毕某在车上轮流强行与赵某发生了性关系。上午9时左右，于某和毕某欲再次强行与赵某发生性关系，赵某强烈反抗，二人未能得逞。后来赵某找了一个

机会逃脱了二人的魔爪，随即就向公安机关报案。警方接到报警之后，迅速对于某和毕某二人展开了追捕，最终将二人抓获。于某与毕某因涉嫌强奸罪，被B县人民检察院批准逮捕。

在审查起诉阶段，于某和毕某对犯罪事实供认不讳，二人如实交代了强奸赵某的犯罪事实。法院见二人认罪态度好，对二人从轻处罚，法院一审判处于某和毕某有期徒刑十年。于某和毕某觉得量刑过重，以量刑过重为由向A市中级人民法院提起上诉。检察院认为两人的犯罪情节特别恶劣，判轻了，所以提出抗诉。A市中级人民法院最终判处于某、毕某有期徒刑十一年，加判了一年。A市中级人民法院的做法是否合法？

法律分析

本案中，中级人民法院的做法是合法的。根据刑事诉讼法的规定，上诉不加刑，但在本案中有个环节，就是检察院认为犯罪情节特别恶劣，判轻了，所以检察院提出了抗诉，抗诉是可以加刑的。

那么，什么是上诉不加刑原则？

上诉不加刑原则是指对二审法院在审理仅有被告人一方上诉的案件时，依法不得加重被告人刑罚、不得对被告人的刑罚作出实质不利改判的规定。根本目的在于保证被告人上诉救济权的有效行使，同时也有利于促使第一审人民法院审判人员不断提高办案质量，并且促使检察机关履行法律监督职能。

上诉不加刑原则，仅适用于被告人一方提起的上诉，即上诉人限定为被告人及经被告人同意、可以提出上诉的被告人的辩护人和近亲属。除此之外，任何人都不适用该原则。

> **相关法规**
>
> 《中华人民共和国刑事诉讼法》第二百二十七条 被告人、自诉人和他们的法定代理人，不服地方各级人民法院第一审的判决、裁定，有权用书状或者口头向上一级人民法院上诉。被告人的辩护人和近亲属，经被告人同意，可以提出上诉。
>
> 附带民事诉讼的当事人和他们的法定代理人，可以对地方各级人民法院第一审的判决、裁定中的附带民事诉讼部分，提出上诉。
>
> 对被告人的上诉权，不得以任何借口加以剥夺。
>
> 《中华人民共和国刑事诉讼法》第二百三十条 不服判决的上诉和抗诉的期限为十日，不服裁定的上诉和抗诉的期限为五日，从接到判决书、裁定书的第二日起算。
>
> 《中华人民共和国刑事诉讼法》第二百三十七条 第二审人民法院审理被告人或者他的法定代理人、辩护人、近亲属上诉的案件，不得加重被告人的刑罚。第二审人民法院发回原审人民法院重新审判的案件，除有新的犯罪事实，人民检察院补充起诉的以外，原审人民法院也不得加重被告人的刑罚。
>
> 人民检察院提出抗诉或者自诉人提出上诉的，不受前款规定的限制。

十、民事诉讼中，反诉与反驳是否相同

反诉是指在已经开始的诉讼程序中，被告向本诉的原告提出一个独立的反请求，目的是抵消或吞并本诉原告的诉讼请求。

反驳是指被告列举事实和理由来否定原告主张的事实和理由，以拒绝接受原告提出的诉讼请求。

反驳和反诉之间的区别具体如下：

首先，当事人的地位不同。反诉当事人的地位具有双重性，即一旦本诉的被告提出反诉，本诉当事人的地位就发生变化。本诉的原告变成了反诉的被告，而本诉的被告变成了反诉的原告。而反驳则不会使当事人的诉讼地位发生变化。无论被告反驳原告的主张，还是原告反驳被告的主张，均不使原告与被告的诉讼地位发生变化。

其次，反诉与反驳提出的要求不同。反诉是本诉的被告在本诉原告的诉讼请求之外，另外又提出了一个新的诉讼请求，形成了一个新的诉。而反驳则是被告在原告提出主张的基础上列举事实或理由，否定原告提出的理由和事实，拒绝接受原告的诉讼要求，但这种反驳不会提出新的诉讼主张，不会向本诉的原告主张权利。

再次，适用的前提条件不同。反诉不是每个案件都适用，其适用前提是本诉与反诉的诉讼请求互相牵连，又各自独立，除此之外，不能适用反诉。而反驳适用一切案件，不论双方的诉讼请求要求是什么，不论案件的性质，都可以适用反驳。

最后，法律后果不同。反诉因为是提出新的诉讼请求，因此，一旦反诉成立并且反诉者胜诉，本诉的原告一定要承担责任；即使是本诉的原告撤诉，也不影响法院对反诉的审理，也不影响本诉的原告承担责任。有时，被告反诉请求的数额超过原告本诉请求的数额，而又获得法院支持时，本诉原告最终甚至要反过来向本诉被告承担法律责任，并承担给付义务。而反驳的当事人如果成功，作为被告来说，只是免去自己的责任，而不能使原告反向承担责任。

十一、什么情况下可以提起民事诉讼

根据《中华人民共和国民事诉讼法》第一百一十九条的规定，起诉必须符合下列条件：原告是与本案有直接利害关系的公民、法人和其他组织；有明确的被告；有具体的诉讼请求和事实、理由；属于人民法院受理民事诉讼的范围和受诉人民法院管辖。具体来说包括以下几方面：

首先，要有适格的民事诉讼主体。适格的民事诉讼主体直接关系到诉讼的结果，在民事诉讼中，对诉讼主体的审查是必须且重要的，诉讼主体是否适格是人民法院作出判决的前提条件。因此，在民事诉讼中，明确适格的原告、被告即成为民事诉讼案件的重中之重，如不重视，可能出现被驳回起诉的法律后果。

其次，起诉时应当有具体的诉讼请求。这关系到原告的民事权利能否实现。然而在实践中，往往出现原告在起诉时，诉讼请求不明确或错误的情况，最终导致原告的利益受损。

最后，确定民事诉讼管辖范围，即案件由哪一个法院进行管辖。民事诉讼管辖是指各级人民法院和同级人民法院之间，受理第一审民事诉讼案件的权限和分工。管辖有级别管辖、地域管辖、专属管辖之分，当事人也可以约定管辖，因此，在民事诉讼中，从最有利于当事人利益的角度选择管辖法院甚至创造选择管辖法院的机会，对于当事人权利的实现具有重大意义。

十二、民事诉讼——恶意串通虚构债务不可取

案情介绍

李四和王一夫妻二人得知其名下的房产要被法院拍卖后,跟亲戚张小二串通,合谋以李四与张小二因贷款流转产生的 200 万元银行流水为凭据,编造李四、王一曾向张小二借款 200 万元,并伪造相应的借条。

之后,张小二拿着相关证据到法院起诉,要求李四、王一夫妻二人归还虚假借款,骗得法院立案、作出民事调解书支持张小二 200 万元虚假债权的诉求。

法院在处置李四、王一二人房产的过程中,三人又合谋称张小二是该房产的租户,虚构张小二享有 100 万元的装修价值,并以此向法院提出在执行分配中保留相应价值的诉求。

法律分析

李四、王一以及张小二三人恶意串通,虚构民间借贷债务,提起民事诉讼要求归还虚假借款,并骗取人民法院立案及作出民事调解书,三人的行为构成虚假诉讼罪。

这种虚假诉讼的行为危害极大,不仅挤占合法债权人的债权受偿份额,扰乱司法机关的工作秩序,更可能会降低人民群众对司法机关的信任,损害法律的威严和正义,必须依法予以严厉打击。

有些人经常想"去法院起诉谁谁谁,我缺个法院的调解书或判决书",说起来很轻松,但是一不小心,自己的行为就可能构成虚假诉讼罪,可能会坐

牢的。

什么样的行为可能构成虚假诉讼呢？简单来说就是"以捏造的事实，提起民事诉讼"。因此，我们务必要了解什么情况下可以提起民事诉讼。

相关法规

《中华人民共和国民事诉讼法》第一百一十五条 当事人之间恶意串通，企图通过诉讼、调解等方式侵害国家利益、社会公共利益或者他人合法权益的，人民法院应当驳回其请求，并根据情节轻重予以罚款、拘留；构成犯罪的，依法追究刑事责任。当事人单方捏造民事案件基本事实，向人民法院提起诉讼，企图侵害国家利益、社会公共利益或者他人合法权益的，适用前款规定。

《中华人民共和国民事诉讼法》第一百一十九条 起诉必须符合下列条件：（一）原告是与本案有直接利害关系的公民、法人和其他组织；（二）有明确的被告；（三）有具体的诉讼请求和事实、理由；（四）属于人民法院受理民事诉讼的范围和受诉人民法院管辖。

《中华人民共和国刑法》第三百零七条 以捏造的事实提起民事诉讼，妨害司法秩序或者严重侵害他人合法权益的，处三年以下有期徒刑、拘役或者管制，并处或者单处罚金；情节严重的，处三年以上七年以下有期徒刑，并处罚金。

十三、什么是刑事附带民事诉讼？如何提起

刑事附带民事诉讼是指公安司法机关在刑事诉讼过程中，在解决被告人刑事责任的同时，附带解决由遭受物质损失的被害人或人民检察院所提起的由于被告人的犯罪行为引起的物质损失的赔偿而进行的诉讼。但是，不是所有的案件都可以提起刑事附带民事诉讼。

刑事附带民事诉讼的成立必须同时具备以下几个条件：

（1）原告必须是有权提起附带民事诉讼的人，即法律中所说的被害人，所谓被害人是指其实体权利遭受犯罪行为直接侵害的人，包括公民、法人和其他经营组织。

（2）有明确的被告人，有赔偿的具体请求和事实理由。被告人是指刑事附带民事诉讼中依法负有赔偿责任的人。主要包括下面几种情形：刑事被告人及没有被追究刑事责任的其他加害人；未成年刑事被告人的法定代理人；审结前已经死亡的被告人的继承人；已被执行死刑的罪犯的遗产继承人；其他对被告人的犯罪行为应当承担民事责任的单位或个人。

（3）被害人的损失是由被告人的犯罪行为造成的，即两者之间存在着必然的因果关系。

（4）属于人民法院受理附带民事诉讼的范围和受诉人民法院管辖。

那么，具备了上述条件，怎么提起刑事附带民事诉讼？

附带民事诉讼在整个刑事诉讼过程中都可以提起，也就是说，应该在刑事案件立案以后第一审判决宣告之前提起。如刑事案件已审结，则应单独作为民事案件审理。被害人是个人的，可以直接向法院提起刑事附带民事诉讼；公诉案件中，也可以在侦查起诉阶段通过侦查机关和起诉机关提起刑事附带

民事诉讼。在侦查、审查起诉阶段，有权提起附带民事诉讼的人向公安机关和人民检察院提出赔偿请求，公安机关、检察机关已经收录在案的，在刑事案件提起公诉后，人民法院应当按刑事附带民事诉讼案件受理；经公安机关、检察机关调解，当事人双方达成协议并已给付。被害人又坚持向人民法院提起刑事附带民事诉讼的，人民法院也应该受理。被害人向法院提起刑事附民事诉讼的，可以聘请律师担任代理人。

十四、刑事附带民事诉讼——民事讼诉需要单独提起吗

案情介绍

一天晚上，赵千在下班后骑电动车回家，行驶到某商场门口时，从后方经过的谢志险些撞上赵千。两人停下车你一言我一语便起了争执，赵千上前用手掐谢志的脖子，双方互相殴打在一起，谢志将赵千摔倒在地上，随即用身体压住赵千身体左侧，连续用右拳殴打赵千，致其受伤。

之后赵千被送往医院治疗，被诊断为肋骨骨折，遂向当地派出所报案。经人民检察院提起公诉，人民法院最终判决谢志故意伤害罪，判处有期徒刑六个月。但在刑事诉讼中赵千并未提起附带民事诉讼。现赵千单独向法院提起本案民事诉讼，要求谢志赔偿其医疗费用、住院伙食补助费、残疾赔偿金、精神损害抚慰金等共计近14万。

法院经审理，认为张千与谢志发生争执及赵千受伤的过程已经经生效刑事判决书认定，并且二人对此均没有意义，法院予以确认，综合本案案情、二人发生争执的过程以及赵千的伤情等，最终认定赵千对自身受伤承担40%

的责任，谢志承担60%的责任，谢志赔偿赵千各项损失合集24000余元，对其主张的残疾赔偿金、精神损害抚慰金未予支持。

⚖️ 法律分析

本案中，赵千在刑事诉讼中未对谢志提起附带民事诉讼，根据《最高人民法院关于适用＜中华人民共和国刑事诉讼法＞的解释》第一百九十二条、第二百条的规定，在刑事附带民事诉讼过程中未提起附带民事诉讼，另行提起民事诉讼的，人民法院应优先进行调解。达成调解协议的，赔偿范围、数额不受限制；如果作出判决，则应当"根据物质损失情况作出判决"，即除因驾驶机动车致人伤亡或者公私财产遭受重大损失的安静外，不应判赔残疾赔偿金、死亡赔偿金。因此赵千另行提起民事诉讼，人民法院应当受理。

被害人在刑事诉讼中未提起附带民事诉讼，单独提起民事诉讼，赔偿范围是否包括残疾赔偿金、死亡赔偿金、精神损失费，一直存在争议。一方面，对被害人在刑事诉讼过程中未提起附带民事诉讼，另行提起民事诉讼的，理应适用与附带民事诉讼相同的判赔范围与标准。否则，势必会导致同一行为不同处理的问题，既有违类案类判的基本法理，也会导致附带民事诉讼制度被架空。另一方面，大多数情况下，一旦刑事部分审结，被告人被送交执行刑罚，甚至执行死刑，根本不可能再对被害人等作出赔偿，其亲友也不可能代赔。所以，在解决被告人的刑事责任的同时，由犯罪行为遭受物质损失的被害人、已死亡的被害人的近亲属、无行为能力或限制行为能力被害人的法定代理人均可提起附带民事诉讼。

相关法规

《中华人民共和国刑事诉讼法》第一百零一条 被害人由于被告人的犯罪行为而遭受物质损失的，在刑事诉讼过程中，有权提起附带民事诉讼。被害人死亡或者丧失行为能力的，被害人的法定代理人、近亲属有权提起附带民事诉讼。

如果是国家财产、集体财产遭受损失的，人民检察院在提起公诉的时候，可以提起附带民事诉讼。

《中华人民共和国刑事诉讼法》第一百零三条 人民法院审理附带民事诉讼案件，可以进行调解，或者根据物质损失情况作出判决、裁定。

《中华人民共和国刑事诉讼法》第一百零四条 附带民事诉讼应当同刑事案件一并审判，只有为了防止刑事案件审判的过分迟延，才可以在刑事案件审判后，由同一审判组织继续审理附带民事诉讼。

十五、什么是民事诉讼中的简易程序

简易程序是对一审普通程序的简化，其制度目的是对简单的民事纠纷适用简单的程序进行解决，从而节约诉讼资源、提高诉讼效率；对于当事人来讲，则以较小的诉讼成本维护自己的权利，解决纠纷。

对于事实清楚、权利义务关系明确、争议不大的简单民事案件可以适用简易程序。

《中华人民共和国民事诉讼法》第一百五十七条特别规定了当事人约定适用简易程序的情况，即基层人民法院和它派出的法庭审理法律规定适用范围以外的民事案件,当事人双方也可以约定适用简易程序。如果当事人有意愿适用简易程序,法院在合理范围内应当予以尊重。但要注意以下几点:

(1)当事人双方约定适用简易程序的,应当在开庭前提出。口头提出的,记入笔录,由双方当事人签名或者捺手印确认。

(2)如果属于《民事诉讼法解释》第二百五十七条规定的不适用简易程序的案件范围,即使当事人约定适用简易程序的,人民法院也不予准许。

(3)当事人并不能约定不适用简易程序。对于一起诉讼,即使当事人约定了不适用简易程序,但人民法院认为该案应当适用简易程序,那么就可以适用简易程序,不受当事人约定的影响。

根据《民事诉讼法解释》第二百五十七条的规定,下列案件不适用简易程序:(1)起诉时被告下落不明的;(2)发回重审的;(3)当事人一方人数众多的;(4)适用审判监督程序的;(5)涉及国家利益、社会公共利益的;(6)第三人起诉请求改变或者撤销生效判决、裁定、调解书的;(7)其他不宜适用简易程序的案件。

简易程序只能在基层人民法院和它的派出法庭适用,中级及以上级别的人民法院(海事法院除外)不得适用简易程序。而且只有第一审的民事案件可以适用简易程序,二审、再审案件、发回重审的案件都不能适用简易程序。

十六、死刑复核程序——被判处死刑,必不可少的程序

案情介绍

2018年4月,被告人赵某因工作、生活不顺而迁怒无辜,图谋报复,持刀

疯狂捅刺A省B市C县第三中学的学生，致27名中学生死伤。其中，有9人死亡、4人重伤、7人轻伤、7人轻微伤。

7月10日，B市中院以被告人赵某犯故意杀人罪，判处其死刑，剥夺政治权利终身。当庭宣判时，赵某表示上诉。在接到法院送达的刑事判决书后，赵某于7月11日向C县看守所提交自书的《不上诉书》材料一份，对死者及其家属表达歉意和悔罪态度，声明不上诉。

在上诉期限最后一天，赵某再次明确不上诉。7月24日，上诉期限届满，B市人民检察院也未提出抗诉，B市中院遂依法将该案报送A省高院复核。A省高院于7月24日立案受理后依法组成合议庭，经过阅卷、讯问被告人，听取辩护人意见，认为事实清楚，依照法律相关规定，依法不开庭审理。A省高院复核认为：被告人赵某的行为已构成故意杀人罪，其犯罪动机卑劣，杀人手段特别凶残，犯罪后果极其严重，社会危害性巨大，主观恶性极深，人身危险性极大，依法应予严惩。原审判决定罪准确，判处适当，审判程序合法，遂依照《刑事诉讼法》及《刑法》相关规定，裁定同意B市中院的刑事判决，并对赵某的死刑裁定依法报请最高人民法院核准。

法律分析

根据《刑事诉讼法》及《关于适用<中华人民共和国刑事诉讼法>的解释》相关法律的规定，死刑除依法由最高人民法院判决的以外，都应当报请最高人民法院核准。如果是死刑缓期执行的，可以由高级人民法院判决或者核准。总之，只要是判处死刑立即执行的案件，最终都由最高人民法院来决定。最高人民法院在接到死刑核准申请后，应该做出核准或者不核准的裁定。对于不核准死刑的，最高人民法院可以发回重新审判或者予以改判。因此，在本案中，A省高院裁定同意B市中院的刑事判决，对赵某的死刑裁定依法报请最高人民法院核准。

那么，什么是死刑复核程序？

死刑复核程序是人民法院对判处死刑的案件进行复查核准所遵循的一种特别审判程序。死刑是剥夺犯罪分子生命的刑罚，是《刑法》所规定的诸刑中最严厉的一种，称为极刑。

相关法规

《中华人民共和国刑事诉讼法》第二百四十六条 死刑由最高人民法院核准。

《中华人民共和国刑事诉讼法》第二百四十七条 中级人民法院判处死刑的第一审案件，被告人不上诉的，应当由高级人民法院复核后，报请最高人民法院核准。高级人民法院不同意判处死刑的，可以提审或者发回重新审判。

高级人民法院判处死刑的第一审案件被告人不上诉的，和判处死刑的第二审案件，都应当报请最高人民法院核准。

《中华人民共和国刑事诉讼法》第二百四十八条 中级人民法院判处死刑缓期二年执行的案件，由高级人民法院核准。

《中华人民共和国刑事诉讼法》第二百五十条 最高人民法院复核死刑案件，应当作出核准或者不核准死刑的裁定。对于不核准死刑的，最高人民法院可以发回重新审判或者予以改判。

《关于适用＜中华人民共和国刑事诉讼法＞的解释》第四百二十三条 报请最高人民法院核准死刑的案件，应当按照下列情形分别处理：

（一）中级人民法院判处死刑的第一审案件，被告人未上诉、人民检察院未抗诉的，在上诉、抗诉期满后十日以内报请高级人民法院复核。高级人民法院同意判处死刑的，应当在作出裁定后十日以内报请最高人民法院核准；认为原判认定的某一具体事实或者引用的法律条款等存在瑕疵，但判处被告人死刑并无不当的，可以在纠正后作出核准的判决、裁定；不同意判处死刑的，应当依照第二审程序提审或者发回重新审判；

（二）中级人民法院判处死刑的第一审案件，被告人上诉或者人民检察院抗诉，高级人民法院裁定维持的，应当在作出裁定后十日以内报请最高人民法院核准；

（三）高级人民法院判处死刑的第一审案件，被告人未上诉、人民检察院未抗诉的，应当在上诉、抗诉期满后十日以内报请最高人民法院核准。

高级人民法院复核死刑案件，应当讯问被告人。